GELD- UND ZEITSPARTIPS
FÜR PFERDELEUTE

Wie es mir,
So oder Tür !

GELD- UND ZEITSPARTIPS FÜR PFERDELEUTE

von Nikola Fersing

ISBN 3-86127-503-1

INHALTSVERZEICHNIS

WENN TRÄUME WAHR WERDEN

Für viele stand das eigene Pferd in ihrer Jugend auf dem Weihnachtswunschzettel ganz oben - doch stets gab es Dinge, die die Eltern für wichtiger hielten oder die für das eigene Fortkommen wichtiger waren, wie Zeugnisnoten, Schulabschluß, Ausbildung, ein Studium. Nun endlich scheint die Realisierung nähergerückt, hat man eine Stelle mit festem Gehalt, läßt sich endlich der Traum wahr machen: Ein eigenes Pferd kann angeschafft werden, mit dem abendliche Ausritte in den Wald, herbstliche Wanderritte, Dressurreiten oder Spazierfahrten möglich werden.

Aber kann es wirklich angeschafft werden? Gern wird in der Fachliteratur behauptet, Reiten sei heute kein elitärer Sport mehr und für jeden erschwinglich; so sollen traditionelle Vorurteile entkräftet und das Reiten als Breitensport legitimiert werden. Soweit es die wöchentliche Reitstunde und den Sommerurlaub auf dem Reiterhof betrifft, ist das auch richtig. Die Anschaffung, Unterhaltsfinanzierung und Sorge um das Wohl eines eigenen Pferdes jedoch ist da eine ganz andere Sache!

Da es hierzulande hauptsächlich Frauen sind, die sich mit der Organisation und Finanzierung eines eigenen Pferdes auseinandersetzen, richtet sich dieses Buch ausdrücklich an die weiblichen Pferdefans. Das heißt natürlich nicht, daß die entsprechenden praktischen Ratschläge nicht ebenso für männliche Pferdebesitzer gelten - sie mögen es nur verzeihen und sich nicht übergangen fühlen, wenn in diesem Buch häufiger von Frauenberufen und der spezifischen alltäglichen Zeit- und Lebensplanung von Frauen die Rede ist und insgesamt vorwiegend die Pferdebesitzer*innen* angesprochen werden.

Finanzielle Voraussetzungen

Um sich einen ersten Überblick über die Lage zu verschaffen, wird man sich seine finanzielle Situation schwarz auf weiß vor Augen führen, soweit dies nicht ohnehin längst geschehen ist. Listen Sie dazu Ihre regelmäßigen monatlichen Ausgaben auf, von Miete bis Versicherung, und ziehen Sie diese vom Nettogehalt ab. Alle Kontoauszüge und Rechnungen des vergangenen Jahres sollten auf zusätzliche unregelmäßige Ausgaben (Autoreparaturen, Urlaub etc.) hin durchgesehen werden. Auch diese müssen, auf den Monat umgerechnet, vom verbliebenen Nettogehalt abgezogen werden.

Gelingt es nicht, ohne eine unerträgliche Senkung des Lebensstandards mindestens 400 bis 600 Mark monatlich einfach "übrig zu haben", sollten Sie den Gedanken an den Kauf eines Pferdes zunächst aufschieben.

Es sind ja nicht die monatlichen 140 Mark Futterkosten allein - nötig sind auch Schutzimpfungen, ein Sattel, Beschlag, eine Rücklage für den Tierarzt, ein schönes artgerechtes Zuhause für den Vierbeiner und die beruhigende Gewißheit für die Besitzerin, unabhängig vom Geld einen geeigneten Platz aussuchen zu können! Die Kosten für den Unterhalt eines Pferdes sind für den Besitzer langfristig spürbarer als der einmal anfallende Kaufpreis, und im Falle des durchschnittlichen Freizeitpferdes übersteigen die laufenden Ausgaben ihn bereits im ersten Jahr. Von großer Verantwortungslosigkeit gegenüber dem anvertrauten Lebewesen zeugen Anzeigen im Stil von "Wer schenkt uns ein Pferd ...". Wer nicht in der Lage ist, den im Vergleich zu allen Folgekosten geringen Anschaffungspreis für ein Freizeit- oder auch Beistellpferd aufzubringen, der dürfte nicht einmal einen Hund halten, geschweige denn ein in jeder Hinsicht auf den Menschen (und sein Konto!) angewiesenes Großtier wie ein Pferd.

Vielleicht haben Sie einen günstigen Stall gefunden, können Ihr Pferd gegen Mithilfe und Futterkosten bei einer Freundin unterbringen oder bei Bekannten, und trotz kleinen Gehaltes scheint der Traum so plötzlich nähergerückt. Auf den ersten Blick ist das ein großer Glücksfall. Die Gefahr bei derlei Arrangements jedoch ist die, daß bei Zwistigkeiten oder unterschiedlichen Vorstellungen über die Pferdehaltung für Sie keine Möglichkeit besteht, Ihr Pferd anderweitig unterzubringen, wenn Sie finanziell auf dieses Angebot angewiesen sind, weil Sie die regulären Einstellpreise nicht bezahlen können. Sie sind in solchem Fall gezwungen, alle Bedingungen zu akzeptieren! Das wird meist auf Kosten Ihres Pferdes gehen: Die befreundete Familie will im Winter keine Koppel zertreten sehen, also gibt es keinen Auslauf; der Sohn im Teenageralter besteht darauf, nachmittags Ihr Pferd zu "reiten", und die Eltern lassen ihn gewähren; die Freundin ist unzuverlässig beim Füttern. Deshalb ist es wichtig, daß Ihre Finanzen

> ## "Wer schenkt uns ein Pferd ..."
>
> Eine kleine Rechnung mag die Unsinnigkeit solcher Anzeigen schnell verdeutlichen: Kostet ein Freizeithaflinger in der Anschaffung etwa 3500 Mark, so benötigt er bei günstigster Fütterung mit Heu, Stroh, Pellets oder Hafer und Mineralzusätzen im Monat Futter für ca. 130 Mark; dazu kommen Kosten für den Schmied, für notwendige Wurmkuren und Impfungen. Die reinen Erhaltungskosten, ohne jedwede Arbeitsleistung oder Stallmiete, betragen im ersten Jahr beim unbeschlagenen Pferd bereits mindestens 70 Prozent der Anschaffungskosten; mit Hufeisen, Kräuterfutter, Möhrchen und dem Tierarztbesuch bei Kolikverdacht liegen sie bereits weit darüber. Wird ein Freizeitpferd zum Monatspreis von 360 Mark in einen Pensionsstall gegeben, fallen im ersten Jahr bereits rund 5500 Mark an Unterhaltskosten an. Kein verantwortungsbewußter Pferdebesitzer wird deshalb auf solche Anzeigen reagieren.

Ihnen Unabhängigkeit garantieren, damit nicht im Zweifelsfalle Ihr Pferd leiden muß oder Sie es wieder verkaufen müssen.

> **Sie müssen Ihren Stall
> frei wählen können!**

Ganz gleich, wie chaotisch Sie in Ihren Geldangelegenheiten sonst verfahren und dabei dennoch zurechtkommen: Das einmal gekaufte Lebewesen Pferd ist voll von Ihnen abhängig, auf Gedeih und Verderb auf Sie angewiesen und damit auch darauf, daß immer ausreichend Geld zu seinem Wohl vorhanden ist.

Zeitliche Voraussetzungen

Die Zeit, die Ihnen für Ihr Hobby zur Verfügung steht, hat einen ganz direkten Einfluß auf Ihre Ausgaben, denn nicht zuletzt Ihr Zeitrahmen entscheidet mit darüber, wie und wo Sie Ihr Pferd unterbringen, oder ob Sie es sogar selbst versorgen möchten und können.

Betrachten Sie einmal ganz kritisch Ihren Alltag (nein, nicht die Wochenenden - nur zwei Siebtel Ihrer Tage sind freie Tage!) und fragen Sie sich, ob Sie täglich mehrere Stunden freie Zeit, aber auch ausreichend Energie für ein so forderndes Hobby wie ein eigenes Pferd aufbringen können.

Manche Berufe sind die idealen Berufe für Freizeitreiterinnen, andere dagegen erlauben das Halten eines Pferdes praktisch nicht. Günstig ist natürlich die Kombination aus relativ guter Bezahlung und möglichst freier eigener Zeiteinteilung, wie dies nicht selten bei Lehrern oder Feiberuflern der Fall ist. Das Gehalt einer fest angestellten, vielleicht verbeamteten Lehrerin reicht im Normalfall für den Unterhalt

*Sommeridylle -
wie lebt dieses
Pferd in den
Wintermonaten?
(Foto: Schmelzer)*

eines Pferdes gut aus (vorausgesetzt, sie hat nicht eine ganze Familie zu ernähren), und die hellen Nachmittagsstunden können häufig dem Hobby gewidmet werden, da die Arbeit abends erledigt werden kann.

> Für eine Haltung in Eigenregie, bei der alle anfallenden Arbeiten kostengünstig selbst erledigt werden, ist viel freie Zeit Voraussetzung.

Ganz anders dagegen bei einer Jungbuchhändlerin: Das Nettogehalt reicht kaum zum Leben, möglicherweise je nach Miethöhe nicht einmal für ein Auto; dazu kommen Arbeitszeiten, die unregelmäßig und ungünstig sind. Einige ganz freie Tage im Monat sollen meist die langen Abendstunden in der Buchhandlung kompensieren, so daß es drei Viertel des Jahres dunkel ist, wenn

Buchhändlerinnen nach einem Arbeitstag ihre Freizeit beginnen. Ähnliches gilt für Verkäuferinnen und vergleichbare Berufe. An eine Pferdehaltung in Eigenregie ist bei diesen Berufen meist nicht zu denken, so daß geringes Gehalt und hohe Kosten für die Vollpension des eigenen Pferdes ungünstig aufeinandertreffen.

Einen Mittelweg stellen die typischen Büroberufe, günstigenfalls mit einer Gleitzeitregelung, dar. Mit drei dunklen Monaten, November bis Januar, ist hier zu rechnen, in denen Tageslicht und Freizeit nur an den Wochenenden zusammenfallen. Die Gehälter sind unterschiedlich, und ob das Pferd im Unterhalt erschwinglich ist, muß jede selbst entscheiden. Eine langjährige Reno-Gehilfin mit Festgehalt und Provision kann durchaus ein Pferd unterhalten, vielleicht kann es aber auch eine Sachbearbeiterin der Gehaltsgruppe VIII im öffentlichen Dienst; vieles hängt von der persönlichen Einstellung ab und der Bereitschaft, dafür auf anderes zu verzichten.

Ungünstig können solche Berufe sein, die mit häufigen mehrtägigen Dienstreisen verbunden sind. Hier ergeben sich einige zwingende Notwendigkeiten für die Pferdebesitzerin: Sie wird das Tier in jedem Falle in einem guten Pensionsstall unterstellen müssen, denn eine Selbstversorgung ist nicht möglich. Einzig eine gut funktionierende Haltergemeinschaft mag in Frage kommen. Regelmäßiges Training des Pferdes ist ausgeschlossen, es sei denn, die Besitzerin findet eine Reitbeteiligung, mit der sie sich trotz unregelmäßiger Anwesenheitszeiten arrangieren kann und der sie vertraut. Gelingt das nicht, muß sie die Unterbringung mit ganz besonderer Sorgfalt auswählen, damit es dem Pferd auch während ihrer Abwesenheit an nichts mangelt. Leicht stehen ungerittene Pferde vernachlässigt herum.

Sicher ist, daß die Entscheidung für ein Pferd aus Kostengründen in der Stadt häufiger zurückgestellt werden muß. Die Unterbringungsmöglichkeiten sind rar und teuer, die ländlicheren Stadtrandgebiete weit entfernt und schlecht erreichbar, die Ställe auch dort immer noch auf hohem Preisniveau.

Wenn Sie erkennen, daß Sie aus beruflichen oder privaten Gründen einem eigenen Pferd nicht gerecht werden können, dann gibt es immer noch eine andere erwägenswerte Möglichkeit: die *Reitbeteiligung* am Pferd einer anderen Reiterin. Diese Art der Partnerschaft kommt im besten Falle allen Beteiligten zugute. Zwei Personen teilen sich die Kosten und den Zeitaufwand rund um ein Pferd, das Pferd selber bekommt doppelte Zuwendung, viel Bewegung und Abwechslung. Die meisten Pferde kommen mit zwei Bezugspersonen gut zurecht (nicht alle!). Wichtig ist, daß die beiden Menschen sich verstehen und in ihren Ansichten zu grundlegenden Fragen der Haltung und des Reitens übereinstimmen. Eine schriftliche Vereinbarung ist unbedingt zu empfehlen. Wenn sie funktionieren, können solche Partnerschaften Jahre halten und sehr zufriedenstellend sein.

Warum ein Pferd halten?

Eine weitere Frage, die Sie sich stellen müssen, ist die nach Ihrem genauen Ziel: Warum möchten Sie ein Pferd halten, und was möchten Sie mit ihm machen? Oft ist es alles andere als einfach, sich über seine Beweggründe klarzuwerden, besonders dann, wenn der Wunsch als starkes Bedürfnis noch aus Kindertagen stammt und suchtähnlich ständig nagt. (Seien Sie sicher, daß er sich in diesem Fall aber auch nie ganz verlieren wird!)

Wollen Sie mit dem Pferd durch die Natur ziehen und unbeschwerte Tage draußen verbringen? Oder macht es Ihnen Freude, auf einem klassisch ausgebildeten Lusitano in der Halle nach Vollkommenheit zu suchen? Sind Sie ambitionierte Westernreiterin? Ihre individuelle Antwort auf diese Fragen wird darüber mitbestimmen, ob Sie sich in Ihrer speziellen Situation ein Pferd anschaffen oder erst noch einige Rahmenbedingungen ändern sollten.

Der Einsatzzweck des Tieres ist ausschlaggebend für den finanziellen und zeitlichen Aufwand, den Ihr Hobby über die reinen Unterhaltskosten hinaus verursacht. Die Teilnahme an Turnieren kostet mehr Geld als die Benutzung der Halle oder des Stadtwaldes, und ein Distanzpferd im spärlichen Reitwegenetz zwischen städtischen Ballungszentren trainieren zu wollen ist auch keine gute Idee, so daß Anfahrtszeiten und die Anschaffung eines Hängers hinzukommen können.

Welche Rolle spielt der Kaufpreis?

Einerseits ist es richtig, daß der Anschaffungspreis irrelevant ist angesichts der auf die Eignerin zukommenden Unterhaltskosten. Andererseits macht es natürlich schon einen Unterschied, ob Sie sich einen Norweger für 4000 Mark oder ein Westernturnierpferd für 25000 Mark zulegen. Im letzteren Fall ist sicherlich ein gewisser Ehrgeiz vorauszusetzen, und Methoden, Geld zu sparen, werden vielfach nicht greifen, weil Sie mit diesem Pferd etwas erreichen wollen: Veranstaltungen, Turniere, kostspielige Shows. Ebenfalls vorauszusetzen ist aber wohl auch, daß der finanzielle Hintergrund diese Aktivitäten zuläßt, ohne daß dabei an allen Ecken und Enden gespart werden muß.

Schwierig wird es, wenn die Freizeitreiterin, die sich endlich das eigene Pferd so gerade eben leisten kann (und sich ein vernünftiges Limit beim Kaufpreis gesetzt hat), ihr Herz dabei an eine bestimmte Rasse gehängt hat. Das Überangebot an Pferden zu günstigen Preisen konzentriert sich auf einige typische Rassen wie etwa Haflinger, Norweger, Reitponys, Traber oder Warmblüter (zumeist ohne Abstammungsnachweise) sowie Kreuzungen. Grundsätzlich sind hier ebenso reelle Pferde zu finden wie unter den Isländern, Welsh Cobs, Friesen, Highlandern, Pasos und anderen Liebhaberrassen. Deshalb hängt der Kaufpreis für ein Pferd eng zusammen mit der bereits gestellten Frage: warum ein Pferd halten? Wenn Sie wirklich nur spazierenreiten wollen, sollten Sie sich neben der (teuren) Rasse Ihrer Träume

*Geduldige und
zeitintensive
Ausbildung von
Reiter und Pferd
ist Voraussetzung
für Reiten auf
hohem Niveau.
(Foto: Schmelzer)*

immerhin auch bei der preisgünstigeren Alternative umsehen, z.B. neben den Pasogestüten auch bei den Ausbildern töltender Traber vorbeischauen, nach dem Highlandwallach vielleicht auch den Norwegermix noch besichtigen. Letztendlich wichtig ist doch, welches individuelle Pferd das für Sie richtige ist, und wenn kleine Kompromisse den finanziellen Druck etwas lockern können, warum nicht?

Geld zur rechten Zeit

Das Nettogehalt eines Pferdebesitzers kann nicht ohne weiteres mit dem Nettogehalt eines Sportwageneigners verglichen werden. Das Pferd kann bei finanziellen Engpässen nicht einfach einige Monate abgemeldet werden. Es braucht regelmäßig sein Futter, seine Impfungen und Wurmkuren, und häufig werden gerade in ohnehin ange-

spannten Situationen, wenn etwa das Weihnachtsfest alle Reste aufgefressen und die Autoreparatur anschließend das Konto ordentlich überzogen hat, unerwartete Tierarztrechnungen fällig. Pferde sind relativ anfällige Tiere. Mit einer Kolik oder einer Sehnenzerrung muß ebenso ständig gerechnet werden wie mit Verletzungen. Selbst das ruhigste Tier kann sich ungeschickt in den Paddockzaun wälzen oder beim Galopp über die Wiese in ein Loch treten. Schlimmstenfalls wird eine teure Operation nötig, die mehrere tausend Mark kosten kann - und was, wenn der Überziehungskredit ohnehin schon ausgereizt ist?

Für Notfälle wird die verantwortungsvolle Pferdebesitzerin deshalb immer eine entsprechende Rücklage zur Verfügung haben.

Typischerweise ist auch das normale Gehaltskonto des Pferdebesitzers regelmäßig arg strapaziert, eben weil es keine Möglichkeit gibt, unerwünschten

Kosten auszuweichen oder sie zu verschieben. Braucht das Pferd seine Impfung, dann ist sie fällig; muß ein neuer Eimer Hustenkräuterfutter her, dann kann auch diese Ausgabe nicht aufgeschoben werden. Eisen müssen häufig genug erneuert, Hufe regelmäßig ausgeschnitten werden, soll die Pferdegesundheit nicht leiden.

Neben solchen unvorhergesehen anfallenden Kosten sind die beträchtlichen monatlichen Unterhaltskosten aufzubringen. Hier muß nun grundsätzlich unterschieden werden zwischen Pferdehaltung in Eigenregie oder Haltergemeinschaften und der Unterbringung des Pferdes in einem Pensionsstall gleich welcher Art, da sich die Entscheidung für das eine oder andere später spürbar im Kontostand widerspiegelt.

Das Problem, die benötigte Geldsumme zum richtigen Zeitpunkt zur Verfügung zu haben, läßt sich durch gute Organisation und vorausschauende Planung lösen. Tatsächlich läßt sich so im Laufe eines Jahres eine ganze Menge sparen (s.S. 86), von der beruhigenden Gewißheit einmal abgesehen, daß auch jederzeit ein Notgroschen für Operationen oder andere unvorhersehbare Fälle vorhanden ist.

Prinzipiell kann man überall dort, wo das Hobby Pferd Kosten verursacht, Überlegungen zu sinnvollen Strategien anstellen, diese Kosten ohne Nachteile für das Tier möglichst gering zu halten. Die einzelnen Bereiche, von der Organisation der Finanzen über akzeptable Einsparungen bei den monatlichen Unterhaltskosten bis hin zum Zubehör für Pferd und Reiter sind dabei unterschiedlich sensibel zu handhaben. Niemals darf es "auf Kosten"

des Pferdes gehen, das sich rundum wohlfühlen soll. Ganz egal ist es Ihrem Pferd jedoch, ob Sie in der Jeans vom vorletzten Jahr oder mit der brandneuen Vollbesatz-Reithose die Dressurstunde absolvieren!

Grundbedürfnisse des Pferdes

Das Pferd als Lauf- und Herdentier stellt an seinen Lebensraum völlig andere Ansprüche als der Höhlenbewohner Mensch. Literatur dazu finden Sie im Anhang; ich möchte deshalb hier nur einen Minimalkatalog an Forderungen aufstellen, die kein Freizeitreiter aus finanziellen oder anderen Gründen für sein Tier unterschreiten sollte. Insbesondere in der Haltung des Pferdes durch den Besitzer selbst oder in einer Haltergemeinschaft, der am Wohl ihrer Tiere gelegen ist, kann häufig eine fast ideale Pferdehaltung verwirklicht werden, die genau auf die jeweilige Nutzung der Tiere und auf individuelle Bedürfnisse zugeschnitten ist.

Die Pferdehalterin muß sicherstellen, daß ihr Tier zumindest vielstündigen täglichen Auslauf in einer Herde und an frischer Luft erhält und die übrige Zeit unter hygienisch unbedenklichen, für kürzere Zeit pferdegerechten Bedingungen verbringt, also beispielsweise über Nacht nicht in einer feuchten Box auf einer Mistmatratze, sondern vielleicht in einer luftigen Box mit Außentür steht. Für Durchblutung, Kreislauf und Kurzweil ideal wäre vierundzwanzigstündiger freier Auslauf etwa in einer Offenstall-

Der Offenstall bietet Pferden Lebensqualität rund um die Uhr. (Foto: Schmelzer)

haltung, aber kleine Abstriche schaden wenig. Die Nutzung durch den Menschen, etwa konzentriertes Reiten auch im Winter, mag eine so weitgehend naturangepaßte Haltung allerdings unrealistisch erscheinen lassen. Kompetente Versorgung und geeignete, typ- und nutzungsangepaßte Fütterung sind neben der Hygiene weitere grundsätzliche Bedingungen.

Welche Haltungsform für welches Pferd-und-Reiter-Paar die wirklich geeignete ist, hängt von den Bedingungen im Einzelfall ab. Pauschale Beurteilungen sind unbedingt abzulehnen! Aussagen wie "Pferde sind nur in Offenstall und Herde artgemäß untergebracht" sind ebenso kurzsichtig wie der Spruch "Das ist ein Blüter, der kann doch nicht in einen Offenstall!".

Im ersten Fall ist der zwanzigjährige Haflinger vielleicht mehr als froh über die nächtliche Aufstallung in einer Außenbox, in der er endlich sein Heu ganz in Ruhe fressen kann und sich nicht dauernd gegen Übergriffe wehren muß. Im zweiten Fall zeigt bereits der erste Winter, daß der Fellwuchs durchaus ausreicht und die Vollblutstute nie zuvor so umgänglich und ausgeglichen war wie seit der Umstellung in den Offenstall. Differierende Formen der Nutzung durch ihre Reiterinnen müssen sich ebenfalls in entsprechender Haltung ausdrücken. Das im Training stehende Distanzpferd kann kein bärenartiges Winterfell gebrauchen, die tragende Zuchtstute keinen unruhigen Herdenverband mit vielen Neuzugängen und Rangeleien.

Wünsche der Pferdebesitzerin

Auch persönliche Ansprüche der Pferdeeignerin, die vielleicht nicht ständig ein verschlammtes Pferd vorfinden möchte oder mangels Auto die idealen Pferdepensionen einfach nicht erreichen kann, sollten nicht unterschätzt werden. Es ist wenig sinnvoll, wenn sie sich völlig verausgabt, um ihrem Pferd die ideale Haltung zu bieten! Diejenigen, die immer und immer das Wohl ihres Pferdes um jeden Preis in den Vordergrund stellen, müssen sich darüber klarwerden, daß auch ihre eigenen Ansprüche legitim sind, solange sie den Lebensraum des Pferdes nicht unzumutbar beeinträchtigen. Pferde sind durchaus anpassungsfähig.

Als rein praktische Vorteile für die Eignerin könnten z.B. der einfache Zugriff auf ein sauberes Pferd, die verfügbare Halle oder ein kurzer Anfahrtsweg zum Stall gewertet werden.

Daneben jedoch steht für viele engagierte Freizeitreiterinnen ein ideeller Vorteilsbegriff, der ihr Anspruchsdenken mit Blick auf die Bedürfnisse des Pferdes umfaßt: So ist es vorteilhaft, sein Pferd artgerecht und gut beschäftigt untergebracht zu wissen, während man lange Stunden in der Firma, im Büro oder auf Dienstreise verbringt. Sehr häufig geraten diese beiden Perspektiven sachlich in Konflikt miteinander. Das zufriedene Offenstallpferd ist meistens verdreckt, das saubere Boxenpferd zu Tode gelangweilt.

In keiner Haltungsform, weder im Pensionsstall noch in der eigenen Haltung, sollte ein Minimum an Lebensqualität unterschritten werden, das etwa folgende Bedingungen umfaßt: täglich vielstündiger Auslauf mit Artgenossen, ein hygienisches, pferdegerechtes Lebensumfeld und fachgerechte Versorgung. Diesen Ansprüchen sollte in jedem Falle genügt werden, auch wenn es praktische Nachteile für die Pferdebesitzerin hat. Wie weit sie darüber hinaus ihrem Pferd noch bessere bis optimale Lebensbedingungen bieten kann oder will, muß sie im Einzelfall unter Abwägung aller weiterer Faktoren (Stallangebote, Nutzung des Pferdes, Preise, Entfernungen) entscheiden.

Nicht immer läßt sich der gewünschte Stall auch finden. Wenn es wirklich nicht geht, wenn die verfügbaren Ställe zu teuer oder zu schlecht, alle Entfernungen zu groß oder das Gehalt für den einzig guten Stall zu klein ist: Verschieben Sie Ihren Wunsch nach einem eigenen Pferd, dem Tier zuliebe!

ZEIT IST GELD

Der finanzielle Aufwand bei der Pferdehaltung ist von vielen Faktoren abhängig, von denen jedoch einige besonders im Vordergrund stehen. Diese Kostenfaktoren, sei es die erbrachte Dienstleistung, das geschätzte Reiterstübchen oder die gepflegte Sommerweide in Stadtnähe, wird jeder Pferdehalter stets gewichten müssen mit Blick auf seine Wünsche zum einen, seine finanziellen Möglichkeiten zum andern.

Arbeitsleistung

In der Pferdehaltung wie in allen anderen Bereichen wirtschaftlicher Überlegungen gilt: Immer, wenn es um das Einsparen von Geld geht, steht in direkter Wechselwirkung damit der Einsatz eigener Zeit und Arbeit. An dieser Tatsache ist nicht zu rütteln, aber wer die Umstände geschickt zu nutzen weiß, wird ein Ergebnis erzielen können, das für die individuelle Situation die optimale Lösung darstellt.

Eine erste Einschätzung des eigenen Standortes nimmt jede Pferdebesitzerin bereits in dem Augenblick vor, in dem sie sich für eine Unterbringungsmöglichkeit entscheidet: Sie wählt den Profistall mit Vollpension, in dem ihr Pferd rundum betreut und während ihrer Abwesenheit auch geritten wird; sie wählt vielleicht eine kleine Haltergemeinschaft, weil sie Freude hat an tätiger Mithilfe und auch die nötige Zeit; möglicherweise pachtet sie sogar zusammen mit einer Freundin einen Stall und richtet sich darauf ein, alle Arbeiten selbst zu erledigen, weil sie viel Zeit hat und langfristig den Unterhalt für mehrere Pferde in einem Stall mit Vollpension nicht bezahlen kann. Die Übergänge zwischen den Möglichkeiten sind fließend.

Eine gänzlich freie Entscheidung ist natürlich selten möglich. Fast immer sind Kompromisse erforderlich. Arbeitsleistung und Bezahlung müssen im Einzelfall sehr sorgfältig gegeneinander abgewogen werden.

Zeit ist Geld

Bei der Unterbringung eines Pferdes in einem Pensionsstall bezahlt die Pferdebesitzerin auch die für ihr Pferd geleisteten Arbeitsstunden mit. Hielte sie das Tier selbst, müßte sie nötige Arbeiten selbst ausführen, hätte dann zwar niedrigere Kosten, aber selbst weniger Zeit. Ganz einfach ausgedrückt heißt das: Die Freizeitreiterin, die ihr Pferd in einem Fachbetrieb unterstellt und versorgen läßt, kauft sich freie Zeit für ihr Geld.

Das Verhältnis von Geldeinsatz für bezahlte Arbeit zu eigener Arbeitsleistung bestimmt also prinzipiell alle Formen der Unterbringung des eigenen Pferdes: Wird ein Tier mit Vollpension und Beritt in einem Betrieb untergestellt, setzt die Halterin viel Geld und keine eigene Zeit ein. Das andere Extrem ist die Pferdehaltung in Eigenregie, bei der sie kostengünstig, dafür unter größtem Zeitaufwand alle anfallenden Arbeiten selbst erledigt, soweit das überhaupt möglich ist.

Durch die Möglichkeit der *Mechanisierung* in größeren Betrieben oder auf Bauernhöfen verzerrt sich dieses Verhältnis jedoch, was dazu führen kann, daß das Unterstellen eines Pferdes beispielsweise in einem bäuerlichen Betrieb trotz betriebsseitig erbrachter Arbeitsleistungen wie Misten und Heu machen nicht viel teurer ist als die Unterbringung im eigenen oder gepachteten Stall, für den dann in den meisten Fällen Heu und Stroh vom Bauern gekauft und wo der Mist mühsam von Hand entfernt werden muß.

Aber auch nach dem Entschluß zu einer Haltung in Eigenregie wird man immer wieder kleinere und große Entscheidungen treffen, die das Verhältnis

Zehn Minuten mit dem Frontlader ersparen stundenlanges Schaufeln und Karren. (Foto: Koller)

von Geld und Arbeitszeit bestimmen. Arbeitszeitsparende Umbauten, Verbesserungen an bestehenden Anlagen und Geräte auch schon beim kleinen Selbstversorger kosten Geld. Die Größenordnungen sind ganz und gar unterschiedlich: Eine übergroße Schaufel, die einen ganzen Satz Pferdeäpfel faßt und Ihnen täglich wirklich erstaunlich viel Mühe erspart, bekommen Sie für DM 90; Gummimatten für einen 20 qm großen Offenstall, durch die Einstreu reduziert werden kann, also weniger Stroh auf den Boden und Mist auf den Kompost geschafft werden müssen, kosten Sie etwa 1500 Mark. Was realistisch ist, hängt vom Einzelfall ab: von Ihrer Finanzstärke, Ihren zeitlichen Möglichkeiten und nicht zuletzt dem Stellenwert, den Ihr Hobby für Sie und Ihre Familie hat.

Genutzte Anlagen benötigen aufwendige Pflege. Hier wird der Platz beregnet. (Foto: Schmelzer)

Anlagenangebot

Nicht zu unterschätzen sind die Ausgaben, die für Grund und Boden, für bauliche Anlagen und Instandhaltungsmaßnahmen anfallen. Mit einem Kredit gekaufte Stallungen oder gepachtete Reitanlagen verursachen Monat für Monat Kosten, die natürlich ebenfalls durch die Pensionspreise für eingestellte Pferde aufgefangen werden müssen. Reithallenböden müssen gepflegt und erneuert, Reparaturen vorgenommen und Gebäude gestrichen werden. Allein die regelmäßige Erneuerung von Tretschichten in Ausläufen verschlingt hohe Summen. Eine zugekaufte Sommerweide kostet ebenfalls so lange Geld, bis der Kredit abgezahlt ist.

Es liegt auf der Hand, daß sowohl die zur Nutzung freigestellte Anlage eines Pensionsstalles als auch die gepachtete Fläche einer Haltergemeinschaft die Kosten ganz beträchtlich beeinflußt. Genau wie die erbrachte Arbeitsleistung steht deshalb das Nutzungsangebot in direktem Verhältnis zum finanziellen Aufwand: Bedingungen wie bequeme Stadtnähe der Anlage, pflegeintensive Reitanlagen oder großzügige Paddocks verursachen höhere Kosten als sie etwa bei einer abgelegenen Pachtweide ohne weitere Anlagen oder bei vielen Pferden in Boxenhaltung auf wenig Fläche anfallen.

UNTERBRINGUNG IM PENSIONSSTALL

Die möglichen Gründe für die Entscheidung, ein Pferd nicht selbst zu betreuen, sondern es anderweitig versorgen zu lassen, sind vielfältig: Man wohnt und arbeitet in der Stadt, man hat nicht genug Zeit, vielleicht nicht die nötigen Kenntnisse für die eigene Pferdehaltung, scheut auch in letzter Konsequenz die große Verantwortung - nur ein Grund wird niemals dabei sein: Kostenersparnis, denn die in einem Reitstall oder auch auf dem Pferdepensions-Bauernhof geleistete Arbeit muß zusätzlich zu den reinen Unterhaltskosten bezahlt werden.

Feste Kosten

Hinsichtlich der monatlichen Kosten ist die Bandbreite in den unterschiedlichen Ställen und Regionen groß, doch ein Vorteil ist immer erkennbar: Es läßt sich mit einem festen monatlichen Betrag rechnen, der zu einem bestimmten Datum für die Lebenshaltung des Pferdes das Konto verläßt. Eine gewissenhafte Fütterung im Pensionsstall vorausgesetzt, liegt es bei der einzelnen Pferdebesitzerin, wie viele Zusatzkosten sie darüber hinaus tragen will. Nötig sind natürlich auch hier die Schmiedbesuche und die Impftermine, doch handelt es sich dabei um sehr regelmäßig anfallende und kalkulierbare Ausgaben, die zu den monatlichen Festkosten hinzukommen.

Grundsätzlich läßt sich sagen, daß die Preise für die Unterbringung von Pferden eher von der regionalen Lage als von der angebotenen Haltungsform oder auch nur von der Qualität der Unterbringung abhängen. Angebot und Nachfrage regeln hier wie überall das Geschäft, und dort, wo viele Menschen auf engem Raum wohnen, gibt es auch viele Pferdehalterinnen; vielleicht prozentual weniger von ihnen, weil die Bedingungen ungünstig sind, aber absolut immer noch eine solche Anzahl, daß die Nachfrage nach Pferdepensionsställen enorm ist. Eine Anlage im Großraum München oder Hamburg beispielsweise kann horrende Preise verlangen, ganz egal, ob es sich um eine Offenstallanlage, einen gut geführten Boxenbetrieb oder einen mittelmäßigen Reitstall handelt. Zwischen diesen Konkurrenten mag es ein Preisgefälle geben, dennoch wird selbst der nur mittelmäßige Stall immer noch den dreifachen Preis dessen fordern können, was ein Pensionsbetrieb im ländlichen Raum 35 Kilometer von der nächsten Kreisstadt ansetzen kann. Natürlich liegen auch die Kosten für den Anlagenbetreiber in der Stadt oder im stadtnahen Gebiet sehr hoch; Futterbeschaffung, Weidezupacht und Grundstücksabgaben sind teuer.

Dieses Ungleichgewicht von Angebot und Nachfrage bedeutet auch, daß die Reitstallbetreiber ihre Bedingungen diktieren können. Um die Kapazitäten der Betriebe gewinnbringend auszunutzen, wird der vorhandene Platz gern möglichst erschöpfend ausgelastet: Boxenhaltung erlaubt das Unterbringen der größtmöglichen Anzahl von Pferden, dazu eine Halle, ein Außenplatz, günstigenfalls ein oder zwei kleine Paddocks; auf vergleichsweise wenig Grundfläche können so

Im städtischen Raum ist nicht einmal die Außenbox eine Selbstverständlichkeit. (Foto: Schmelzer)

dieser geringen Anzahl entsprechend angesiedelter Ställe. Insbesondere im Raum von ausgedehnten Großstädten, um die sich der stadtnahe Grüngürtel weit erstreckt, ist es sehr schwierig, Wohnung, Pferd und Arbeit in akzeptablen Entfernungen voneinander zu arrangieren.

Hier muß sich jede Reiterin selbst fragen, welche Einteilung ihr grundsätzlich am meisten entgegenkommt. Die zeitlich im Alltag aufwendigere, dafür insgesamt preiswertere Lösung ist sicher die des Wohnens außerhalb, dicht beim Pferd, mit kurzen Wegen am Wochenende, dafür täglichem langem Pendeln zur Arbeit, das im günstigeren Fall mit öffentlichen Verkehrsmitteln möglich ist. Eine Wohnung in der Stadt dagegen ist zwar teurer, die tägliche Anfahrt zur Arbeit jedoch kürzer; dafür hat die Pferdebesitzerin längere Wege zum Pferd. Möglicherweise wird sie sich dafür entscheiden, das Pferd weitgehend artgerecht bei zuverlässigen Menschen auf dem Land unterzubringen und nicht täglich hinzufahren.

Die Ställe im Stadtbereich profitieren von denjenigen, die ihr Pferd in der Nähe wissen wollen. Einstellpreise um 500 bis 700 Mark monatlich sind die Regel, bei entsprechenden Leistungen wie Beritt, Unterricht und Pferdepflege liegen sie auch noch weit darüber. Die überwiegende Mehrheit der Freizeitreiterinnen jedoch hat weder die Mittel noch die innere Einstellung, das eigene Pferd von Fremden nicht nur versorgen, sondern auch rundum betreuen zu lassen. Typisch für sie ist viel eher, daß sie so viel Zeit wie nur irgend möglich mit ihrem Pferd verbringen wollen und über den Umgang

sehr viele Pferde gehalten werden. Passen die Rahmenbedingungen oder die hohen Preise in stadtnahen Betrieben den Einstellern nicht, beeinflußt das die Betreiber kaum, denn die Warteliste für freie Plätze ist üblicherweise lang. Leider sind die Alternativen oft begrenzt auf wenige große Ställe im Stadtrandbereich, die mithin fast eine Monopolstellung innehaben, so daß ein Umstellen in einen anderen für Pferd und Reiterin geeigneteren Stall unmöglich ist.

Lange Wege, kurze Wege

Sehr viele Reiter wohnen und arbeiten in der Stadt und sind dabei auf realistisch kurze Anfahrtswege zu ihrem Pferd angewiesen, d.h. abhängig von

mit dem Tier den Alltagsstreß hinter sich lassen möchten.

Einfacher kann sich die Situation in ländlichen Regionen darstellen, in denen auch landwirtschaftliche Betriebe Pensionspferde aufnehmen. Viele Bauern, die neben der Landwirtschaft Pferde halten, können diese Leistung extrem günstig anbieten: Sie ernten Heu, Stroh, Silage, Hafer und Gerste selbst, die dafür notwendigen Maschinen sind ohnehin bereits vorhanden und abgeschrieben. Landwirte, die seit jeher Tiere unter wirtschaftlichen Aspekten betrachten, wissen auch den Arbeitsaufwand richtig einzuschätzen und mit Hilfe von Maschinen in für sie erträglichen Grenzen zu halten. Deshalb sind Boxenhaltung und Matratzenstreu hier bislang noch die Regel, gemistet wird in Abständen mit dem Schlepper.

Je nach Lage des Hofes, nach den Angeboten (Reitplatz, Halle, Paddocks, Art der Fütterung) und der Marktlage in der speziellen Region rangieren die Preise für eine Pferde-unterstellung in bäuerlichen Betrieben von 250 bis ca. 500 Mark monatlich. Besondere Vereinbarungen hinsichtlich der Haltung sind mit den Landwirten meist leicht zu treffen, im Zweifelsfalle gegen Aufpreis für zeitaufwendige Sonderleistungen.

Freizeitreitenden Großstädtern bleibt eine Möglichkeit meist von vornherein verwehrt: die Haltung ihrer Pferde in Eigenregie oder in Haltergemeinschaften mit Gleichgesinnten. Die räumliche Nähe zur Arbeit in der Stadt kann nicht aufgegeben werden; in Großstädten ist es aber nur selten möglich, im näheren Stadtrandbereich zu einem vernünftigen Preis eine brauchbare Anlage zu pachten. Solche Ställe mit entsprechenden Freiflächen finden sich dann zwar wieder in den entfernter umliegenden Dörfern, aber die längere Anfahrt dorthin zum mindestens dreimaligen täglichen Versorgen und Kontrollieren der Tiere wäre auch bei einer Arbeitsteilung viel zu teuer und zeitaufwendig.

Sommerlicher Weidegang ist in ländlichen Pensionsbetrieben üblich. (Foto: Koller)

Das nützliche Beistellpferd

Selbstversorger, die ihr Pferd in einem privaten Stall oder glcich am Haus halten und selbst betreuen, wissen, daß sie das Tier nicht allein halten, sondern ihm ein Beistellpferd zugeben sollten. Doch ein zweites Tier verursacht weitere Kosten und Arbeit. Günstig für den Pferdehalter kann es deshalb sein, ein fremdes Pferd in Pension zu nehmen (s.S. 36). Da in diesem Fall beide Seiten profitieren und zudem völlig individuelle Regelungen möglich sind, kann ein allen dienliches Arrangement ausgehandelt werden.

Mit etwas Glück können Sie so Ihr Pferd gegen eine Futterkostenpauschale und etwas Mithilfe in der Haltung in einem idealen, gepflegten kleinen Offenstall bei bester Betreuung unterbringen. Ein Versuch, über eine Anzeige entsprechende Privatpferdehalter zu finden, lohnt sich in jedem Falle!

Der bedachte Einsatz des eigenen Pferdes kann nicht nur sparen helfen, sondern auch Abwechslung in den Stundenplan bringen. (Foto: Schmelzer)

Ideen zum Geldsparen

Gelegentlich ist es auch in großen Reitställen möglich, Sondervereinbarungen zu treffen, Eigenleistung einzubringen oder auf andere Weise den Preis etwas herunterzuhandeln. Solche Vereinbarungen müssen ausgehandelt und schriftlich festgehalten werden.

Versorgung des eigenen Pferdes

Recht verbreitet ist es, daß Pferdebesitzerinnen einige der zeitaufwendigeren Arbeiten rund um ihr Pferd selbst ausführen und dafür mit einem niedrigeren Pensionspreis rechnen können. Wenn Sie beispielsweise täglich selbst Ihre Box ausmisten oder sich um das Sauberhalten des Auslaufes kümmern, hat das für Sie gleich zwei Vorteile: Sie sparen Geld, und Sie wissen, daß Ihr Pferd wirklich ein sauberes Bett und reichlich Knabberstroh hat. Leider lassen sich manche Betriebe auf eine solche Vereinbarung nicht ein. Wenn der Grund dafür der ist, daß hier in längeren Abständen maschinell gemistet wird und der Betreiber zudem befürchtet, Sie könnten mehr als das nötigste Stroh verwenden, dann sollten Sie sich nach einem anderen Stall umsehen, denn das Wohl des Pferdes steht hier offenbar nicht im Vordergrund.

Arbeitsleistungen

Andere Leistungen, die Sie bei entsprechender Qualifikation einbringen könnten, sind etwa Longenunterricht, Beaufsichtigen des Sattelns bei den Anfängern, Anfängerunterricht, vielleicht aber auch Versorgungsarbeiten rund um den Stall oder Hängerfahrten. Wenn Sie Zeit und die nötigen Kenntnisse haben, kann sich durch tätige

Mithilfe eine Alternative schaffen lassen zur kostengünstigen aktiven Pferdehaltung in Eigenregie.

Einsatz des Pferdes

Nicht nur Sie selbst können dem Stallbetreiber nützlich sein, möglicherweise kann es auch Ihr Pferd. Dessen Einsatz müssen Sie aber gut abwägen und vertreten können! Längst nicht jedes Tier kann schadlos unter fremden Reitern gehen oder überhaupt von anderen Personen gehandhabt werden. Wenn Ihr Pferd sehr sensibel oder auf Sie bezogen ist, ist Vorsicht geboten!

Einsatzgebiete könnten Longenstunden für Anfänger sein, die Sie selbst geben, in geringem Umfang das Mitgehen in Fortgeschrittenenstunden; vielleicht ist Ihr Pferd eingefahren und bietet sich für den Zweispänner bei Kutschentouren an, oder der Bauer würde es gern zum Holzrücken nutzen. Sie müssen das Wohlergehen Ihres Pferdes in jedem Falle gut beobachten und sollten beim Eindruck einer Verstimmung oder negativen Reaktion die Vereinbarung auflösen.

Begrenzte Anlagennutzung

In Deutschland noch weniger verbreitet als im angelsächsischen Raum ist die Eingrenzung der Pensionseinstellung auf bestimmte Leistungen. Sie können detailliert auflisten, welche Dienstleistungen und Anlagen Sie nutzen wollen, und diese einzeln berechnen lassen.

Wenn Sie etwa das Solarium, die Halle, den Springplatz und die Jagdstrecke nicht nutzen möchten, kann Ihnen dafür ein niedrigerer Pensionspreis angerechnet werden. Leider ist dieses Verfahren bei uns noch nicht

Springplätze, Jagdhindernisse und Solarien sind ein Luxus, auf den mancher verzichten kann. (Foto: Schmelzer)

sehr gebräuchlich, was verständlich ist, da die für teures Geld erstellten Anlagen sich auch rechnen müssen.

Reitbeteiligung

Weit verbreitet mit steigender Tendenz ist die gemeinschaftliche Nutzung eines Pferdes durch mehrere, meist zwei, Reiterinnen. Wenn es funktioniert, bietet dieses Prinzip allen Beteiligten Vorteile: Das Pferd sonnt sich in doppelter Aufmerksamkeit, bekommt zwei Tüten Leckerli die Woche statt einer und wird ausreichend bewegt und beschäftigt; die Reiterinnen teilen sich die Kosten, den Zeitaufwand und ein Stück weit auch die Verantwortung.

Probleme gibt es meist dann, wenn die Basis nicht stimmt: wenn die Ansprüche sich widersprechen, das Verantwortungsbewußtsein der beteiligten Menschen unterschiedlich ausgeprägt ist oder die Vorstellungen von fairer Pferdehaltung weit auseinandergehen. Vertrauen und eine ähnliche Einstellung zum Partner Pferd sowie ausreichende Kompetenz müssen bei beiden Reiterinnen vorhanden sein! Und selbst dann kann immer noch die Eifersucht zum Problem werden, wenn

das eigene Pferd plötzlich lieber auf die Mitreiterin zugaloppiert ...

Die meisten Pferde kommen mit zwei Bezugspersonen gut zurecht und wissen sehr wohl zu unterscheiden, wer gerade oben sitzt und seine persönlichen Wünsche anmeldet. Bei sehr stark auf eine Person bezogenen oder sensiblen Pferden allerdings kann es schwierig werden: Sie machen dann einen mürrischen Eindruck, werden unleidlich, sogar schwierig.

Wichtig ist, daß die Pferdeeignerin sich nicht auf das Vorhandensein einer Reitbeteiligung oder irgendeine andere Möglichkeit zur Kostensenkung verläßt, sondern finanziell in der Lage ist, ihr Pferd allein und unabhängig zu unterhalten.

Als Erleichterung kann eine Reitpartnerschaft oder Mithilfe in einem Betrieb angenehm sein, als Notwendigkeit führt sie dazu, daß eine Abhängigkeit entsteht und die verantwortliche Entscheidungsfreiheit der Besitzerin auf Kosten ihres Pferdes beschnitten ist.

Sommerweide

Spürbare Einsparungen bei mittlerem Arbeitsaufwand kann die Pacht einer Sommerweide bieten, die für Einsteller genauso in Frage kommt wie für Selbstversorger.

Zwar sollte die Weidepflege nicht unterschätzt werden; aber wer einen Landwirt um Hilfe bitten kann oder gar ein eingefahrenes Pferd hat, das die

Weideschleppe und den Wasserwagen zieht, kann bei guter Organisation eine Weidefläche durchaus instand halten. Die Arbeit fällt in größeren Einheiten, also etwa tageweise, an und kann mit etwas Geschick so gelegt werden, daß sie nicht zu einer konstanten zeitlichen Belastung wird: Düngung, Schleppen, Nachsaat wo nötig, Ausmähen und möglichst Absammeln der Geilstellen, Kontrolle und Reparatur der Zäune sowie die Wasserversorgung sind überschaubare Aufgaben, die bei gutem Wetter durchaus Spaß machen können. Wichtig ist, daß Hilfe bei der Behandlung größerer Flächen durch Maschineneinsatz gegeben ist.

Das Absammeln von größeren Weideflächen oder auch von Hangweiden ist äußerst zeitraubend und kann für berufstätige Pferdebesitzerinnen unmöglich sein. Hier empfiehlt es sich, wirklich weitläufige Flächen anzupachten, um durch eine Wechselnutzung als Mähweide dem Parasitenproblem entgegenzuwirken. Alle Flächen müssen so groß sein, daß die Pferde den neu entstehenden Geilstellen ausweichen können.

Ob die Weidepacht sich für Sie lohnt, können Sie mit Hilfe Ihrer Zahlen (s. Hinweise zur Geldorganisation ab S. 82) leicht errechnen, wenn Sie die Ausgaben für Pacht, Dünger, Zaun und Dienstleistungen durch Landwirte oder Maschinenringe denen gegenüberstellen, die Sie bei der Unterbringung Ihrer Pferde auf einer Pensionsweide hätten. Hinzu kommt, daß Sie bei ausreichender Fläche und passablem Wetter die Pferde so lange auf der Weide lassen können, wie Sie es für richtig halten; Zufutter müssen Sie allerdings einkalkulieren.

HALTUNG IN EIGENREGIE

Im Normalfall bedeutet Selbstversorgung, gleich ob allein oder mit anderen, daß ein Stall mit entsprechenden Außenanlagen in Form von Weiden und Ausläufen gepachtet oder, seltener, gekauft wird. Alle anfallenden Arbeiten, von der täglichen Pferdeversorgung über die Grünlandpflege bis zur Rauhfuttereinlagerung, werden von den Pferdebesitzerinnen selbst erledigt. Futtermittel werden nach Absprache eingekauft, seltener selbst geerntet.

Die Haltung in Eigenregie, besonders auch in einer Gruppe mit Gleichgesinnten, setzt sich gerade bei Freizeitreitern seit einigen Jahren immer stärker durch. Finanzielle Gründe sind dafür allerdings in den wenigsten Fällen ausschlaggebend. Eine Ursache für den Trend zum Selbstversorgen ist sicherlich die bereits genannte Monopolstellung der großen Reitbetriebe, deren Haltungsangebote den Anforderungen heutiger Hobbypferdehalter nicht entsprechen.

In den meisten Fällen handelt es sich bei Selbstversorgern deshalb um engagierte, hochmotivierte Tierfreunde, und es finden sich nirgends so viele Ausläufe, Offenställe, Pferdeherden und innovative Verbesserungen wie in kleinen Haltergemeinschaften. Individuelle Lösungen sind nicht nur leichter möglich als in kommerziellen Betrieben, sondern oft ja grundlegende Motivation der Selbermacher.

Pferde mit Familienanschluß kennen ihre Menschen genau und können sich zu ausgesprochenen Kindermädchen entwickeln.

Leider gibt es auch das andere Extrem: Menschen, die den höheren Kosten in Pensionsbetrieben aus dem Weg gehen wollen und mit mangelndem Sachwissen und fehlendem Verantwortungsgefühl eine billige, oft nachlässige Pferdehaltung auf Kosten der Tiere betreiben. Ein solches Vorgehen ist nicht hinnehmbar, und es hat absolut nichts mit vertretbaren Sparmaßnahmen zu tun, wenn Pferde hinter Stacheldraht gehalten werden, auf schimmeligem Stroh stehen, an Schmied und Wurmkur gespart wird und die Tiere im Sommer gezwungen werden, die Geilstellen auf der Weide abzufressen, um nicht zu verhungern. So nicht!

So entstehen kleine Haltergemeinschaften, die zusammen wenige Pferde versorgen, oder noch kleinere Privatanlagen "hinterm Haus", in denen zwei bis vier Pferde oder Ponys mit Familienanschluß leben. Allen Eigenheiten und Ansprüchen der Tiere kann in so kleinen Beständen bestens entsprochen werden.

Auch wenn finanzielle Überlegungen nicht im Vordergrund stehen, kann die monatliche Belastung für die selbstversorgende Pferdehalterin (besonders in Haltergemeinschaften) durchaus etwas geringer sein als bei Einstellung des Tieres im Pensionsstall, denn Eigenleistung ersetzt bezahlte Dienstleistung. Statt eines monatlichen festen Pensionspreises fallen nun Selbstkosten für Futtermittel und Reparaturen sowie die Anlagenpacht an. Im allgemeinen ist der Unterschied spürbar, zumindest im städtischen Raum und Umland.

Etwas anders stellt sich die Situation im stärker ländlich geprägten Raum dar. Mit dem Pensionsangebot eines Landwirts, der Pferde einstellt, Wiesen und Weiden hat und sein Futter selbst erntet, kann die Haltung in Eigenregie auf einer gepachteten Anlage im allgemeinen nicht konkurrieren. Hobbypferdehalter kaufen ihr Futter bei Futtermittelhändlern und Bauern, müssen Maschinen leihen oder erst kaufen (ein Selbstversorger-Stall wird nicht ohne einen Wiesenmäher, ein Wasserfaß und vielleicht sogar einen Schlepper auskommen) und erledigen vieles in mühseliger Handarbeit, was den Landwirt eine Stunde mit entsprechendem Gerät kostet, man denke nur an das leidige Aufladen des Mistes auf den Miststreuer.

Stall Kunterbunt - ein Rechenbeispiel:

Gepachtet ist ein kleiner Stall mit sieben Boxen, Heuboden, Mistplatz und vier Morgen (1 ha) Land, das in zwei Weiden, Ausläufe und Reitplatz aufgeteilt ist. Die monatliche Pacht für die 25 Kilometer von einer größeren Stadt entfernte Anlage beträgt 500 Mark, dazu eine Strom- und Wasserpauschale. Bei einer Haltergemeinschaft von sechs Pferdebesitzern und dem für einen Haflinger angenommenen Futterbedarf von monatlich 160 Mark, zuzüglich eines Betrags von 50 Mark für Strom, Wasser und eventuell anfallende Reparaturen, ergibt sich für jeden Besitzer ein Kostenanteil von rund 300 Mark. Diese Summe steht im direkten Vergleich zu den im städtischen Reitstall gezahlten 450.- Mark für Unterbringung und Versorgung. Hinzu kommen natürlich auch hier noch Schmied und Tierarztkosten - und jede Menge Arbeit!

Wer ohnehin auf dem Land wohnt, wird deshalb nicht aus finanziellem Vorteil sein Pferd selbst versorgen. Die Einsparungen, wenn es sie überhaupt gibt, sind gering, solange es sich nur um ein oder zwei Pferde handelt, der Arbeitsaufwand und damit die benötigte Zeit unverhältnismäßig hoch. Vorteile sind hier anderer Natur: Bessere Haltungsbedingungen können geschaffen werden, eigene Vorstellungen verwirklicht, Bürostreß kann durch Versorgungsarbeiten abgebaut werden.

Immer wieder Rechnungen

Das finanzielle Risiko ist bei eigener Pferdehaltung größer als bei einer Unterstellung zum fest vereinbarten Monatspreis. Teure Reparaturen werden nötig, Futtermittel können im Preis steigen, Instandhaltungsarbeiten machen sich bemerkbar.

Vor allem aber ist die Kontobelastung für den selbstverantwortlichen Pferdehalter eine völlig andere als für den, der sein Tier im Pensionsstall untergebracht hat (allgemeine Hinweise zur Geldorganisation finden Sie ab S. #). Sackweise eingekaufter Hafer und Kraftfutter aus der Futtermittelhandlung mögen noch relativ regelmäßig anfallen. Heu dagegen wird am günstigsten im Juni ab Feld gekauft, so daß pro Pferdenase auf einen Schlag im Sommer die Jahresmenge an Heu, die leicht tausend Mark übersteigen kann, bezahlt werden muß. Nur sechs Wochen später kommt das Stroh. Wird mit Hobelspänen oder anderen Materialien eingestreut, empfiehlt es sich auch hier, größere Mengen gesackter Einstreu anliefern zu lassen, da ab einer bestimmten Rechnungshöhe im allgemeinen der Verkäufer die Transportkosten übernimmt.

Der monatliche Durchschnittspreis für eine Pferdehaltung in Eigenregie mag also verlockend klingen, aber die Pferdebesitzerin muß darauf eingerichtet sein, größere Beträge zur rechten Zeit zur Verfügung zu haben - auch wenn gerade das Auto repariert werden mußte!

Konkret heißt das: zusätzlich zum Sicherheitssparbuch für tierärztliche Notfälle, das allgemein empfehlenswert ist, sollte bei eigener Haltung eines unter dem Stichwort "Futter" angelegt werden, auf das bereits lange vor dem Sommer regelmäßig entsprechende Beträge eingezahlt werden. Im Sommer kann von der Summe dann das Rauhfutter problemlos bezahlt werden. Zum einen sollten Freizeitreiter nicht wohlgesonnene Landwirte durch Zahlungsverzögerungen verärgern, zum andern können aber auch die Preisvorteile, die durch direkte Abnahme ab Feld oder durch den Kauf größerer Mengen möglich sind, nur genutzt werden, wenn das benötigte Geld dann auch zur Verfügung steht.

Haltungsformen

Freizeitreiter, die ihre Tiere selbst versorgen, können ihre eigenen Bedingungen diktieren. Das sollte heißen, den Pferden ein gutes Lebensumfeld zu schaffen. Mehrarbeit wird dabei von wirklichen Tierliebhabern in Kauf

Lassen die baulichen Gegebenheiten eine Offenstallhaltung nicht zu, können Pferde immer noch ganztags in Ausläufe gebracht werden. (Foto: Schmelzer)

genommen, höhere Kosten ebenfalls, denn es ist teurer und arbeitsaufwendiger, eine Stallanlage mit ausreichenden Flächen für Weiden und Ausläufe zu pachten und zu pflegen, als einen Boxenstall mit einem Reitviereck.

Große finanzielle Unterschiede sind zwischen den Haltungsformen nicht gegeben, wenn man von den Tierarztrechnungen absieht (s.S. 65). Braucht das aufgestallte Pferd mehr Einstreu und muß mehr Mist entsorgt werden, so benötigt bei einer Rundum-Offenstallhaltung der Auslauf mehr und oft teure Pflege. Jedoch hängen diese Faktoren in erster Linie von der Anlage und den regionalen Gegebenheiten ab. Verallgemeinerungen sind hier überhaupt nicht möglich. In Anlagen, die aufgrund traditioneller Bauweise mit massiven Boxenställen keine Offenstallhaltung erlauben, läßt sich meist eine Form der *Kombinationshaltung* praktizieren. Für Selbstversorger und Haltergemeinschaften ist diese Form praktisch und relativ arbeitssparend durchzuführen, der nötige Zeitaufwand hält sich in Grenzen. Die durchdachte Arbeitsteilung einer Haltergemeinschaft oder die Nähe zur Arbeitsstätte sind hier von Vorteil, da mehrmals täglich Füttern, Hinausführen und Hereinholen zusätzlich zu den Reinigungsarbeiten anfallen.

Geeignet ist diese Haltungsform vor allem auch für im Training stehende Freizeitpferde, da eine individuelle Futterzuteilung, ruhiges nächtliches Fressen und ungestörtes Verdauen auch größerer Mengen und ein Abschwitzen im Stall möglich sind. Durch ganz gezieltes, zeitweises Eindecken, vor allem aber über die Fütterung, kann auch das Winterfell im Zaum gehalten

werden. Hier ist allerdings Fingerspitzengefühl gefragt!

Beliebt ist die Haltung in *Paddockboxen*, die Bequemlichkeit für den Reiter mit einem Eingehen auf die Bedürfnisse des Pferdes kombiniert. Diese Haltung macht relativ wenig Arbeit, vergleichbar etwa der in normalen Boxen; allerdings ist die selbständige Bewegungsmöglichkeit des Pferdes auch noch unzureichend. Entweder müssen die Pferde wie bei der Kombinationshaltung täglich in große Gemeinschaftsausläufe gebracht werden, oder sie müssen wirklich ausreichend durch den Reiter trainiert und beschäftigt werden. Ein Ausgleich zur Arbeit durch ruhige, entspannte Bewegung ist je nach Größe des Boxenpaddocks in Maßen möglich. Für voll im Training stehende Tiere kann die Paddockbox bei schlechtem Wetter problematisch sein, denn zum einen kann nach starkem Schwitzen ein Einsperren nötig sein, zum andern wird das Winterfell ohne Eingriffe fast so dicht wie beim Offenstallpferd.

Für viele Selbstversorger ist die *Offenstallhaltung* das angestrebte Ideal. Irrig ist jedoch die Annahme, Offenstallhaltung sei preislich günstiger oder gar weniger arbeitsintensiv als andere Haltungsformen, in denen die Pferde aufgestallt werden. Man müsse nicht mehr ausmisten, Pferde nicht mehr in Ausläufe führen oder ähnliche zeitraubende Einzelbehandlungen vornehmen, und weniger Mist fiele auch an, zumal bei

Paddockboxen machen kaum mehr Arbeit als herkömmliche Boxen, bieten dem Pferd aber bereits mehr Lebensqualität. (Foto: Koller)

Alles, was ungefährlich und beweglich ist, taugt zum Spielzeug. (Foto: Schmelzer)

Das tägliche Absammeln des Auslaufes ist ein Muß, soll die Tretschicht lange halten, ohne die Gesundheit der Pferde zu bedrohen. (Foto: Koller)

Offenställen, die nicht mit Stroh-Wechselstreu geführt werden. Alles falsch!

Ein einfaches Bild mag das vor Augen führen: Ein Pferd produziert pro Tag ungefähr 65 l Mist (und nicht die gern in der Literatur angegebenen 35 l). Beim Paddockboxenpferd werden diese zweimal täglich von 30 qm Grundfläche flott abgeräumt. Beim Offenstallpferd muß aber auch der Auslauf abgesammelt werden; das heißt, daß Mist zuerst aus dem Stall geräumt wird, anschließend mit anderem Gerät, je nach Bodenbeschaffenheit auch mehreren Gabeln, Besen, Schaufeln etc., in mühevoller Kleinarbeit etliche Quadratmeter Fläche nach Pferdeäpfeln abgesucht werden. Der Zeitaufwand für die Mistbeseitigung ist damit nicht geringer, sondern weitaus größer. Ähnliches gilt für das Füttern: sei es, daß die Offenstallpferde Eimer umgehängt bekommen, zum Fressen angebunden oder durch Stangen auseinandergesperrt werden - wenn das Füttern nicht von einer Computeranlage vollautomatisch in Freßständen übernommen

wird, dauert es länger als die Fahrt mit dem Futterwagen durch eine Stallgasse, denn anschließend müssen alle Pferde wieder losgebunden oder von Eimern befreit werden.

Da jedes Pferd vergleichsweise mehr Grundfläche benutzt als bei herkömmlicher Stallhaltung, muß grundsätzlich von höheren Kosten für das gepachtete, entsprechend dimensionierte Gelände ausgegangen werden.

Offenstallhaltung bedeutet außerdem viel Drecksarbeit. Schwere Mistkarren wollen durch schlammige Ausläufe gezerrt werden, nicht selten sabotiert von dreisten Ponyköpfen. Schnee deckt den frischen Mist zu und läßt Pferdehalterinnen zu Wünschelrutengängern werden. Frost zwingt dazu, Pferdeäpfel mit dem Vorschlaghammer abzubauen, sehr zum Erstaunen vorbeiziehender Spaziergänger. Versuchen Sie, den befestigten Hof vor dem Stall zu fegen, fällt Ihnen auch die Sturmwarnung des Wetterberichtes wieder ein. Sind Sie mit allem endlich fertig, sehen Sie gerade noch, wie Ihre Flicka sich schnell neu mit frischem Lehm einpackt, ist sie doch gestern daraufhin ohne Reiten davongekommen.

Und trotzdem: hier im Offenstall entwickelt Ihr Pferd am schnellsten und nachhaltigsten die Intelligenz, sich zielgerichtet im Lehm zu rollen, die Sicherheit, von selbst über eine Plastikplane zu marschieren, einen Gymnastikball bewußt und regelrecht schadenfroh hinter ranghöheren, aber ängstlicheren Pferden herzutreiben oder Ihren Stiefel wegzuschleppen, den Sie gerade anziehen wollten. Ein großer Teil der Umwelt kann immer wahrgenommen werden, und Pferde können sich so auch in ihrem Begreifen von Ursachen und Wirkungen spürbar besser entwickeln, vom Kennenlernen vieler Dinge und Geräusche ganz zu schweigen.

Als berufstätige Pferdehalterin mit Ponys oder Pferden im Offenstall sind Sie, was das Füttern und Misten angeht, genauso gebunden wie bei jeder anderen Haltungsform. Vorteilhaft ist jedoch, daß man nicht so genau auf die Uhr sehen muß. Ob ein Auslauf morgens oder abends abgesammelt wird, der Stall vormittags oder nachmittags gemistet wird, ist relativ gleichgültig. Wichtig ist, daß zu den typischen Ruhezeiten eine saubere, trockene Liegefläche zur Verfügung steht und daß die einmal gewöhnten Futterzeiten halbwegs eingehalten werden. Bei freiem Zugang zu Rauhfutter kann man aber auch hier etwas flexibler sein; kommt man einmal nicht um 18.00 Uhr, sondern erst zwei Stunden später aus dem Büro, werden die Tiere zwar vielleicht ungeduldig warten, sich aber sicherlich inzwischen mit Heu oder Stroh getröstet haben.

Die zehn Grundrechte der Pferdehalterin in Eigenregie

- Sie darf auch bei Regen im Freien arbeiten
- Sie kann über Krafttrainingsmaschinen mit Rädern oder Zinken frei verfügen
- Sie braucht auch sonntags keinen batteriebetriebenen Wecker
- Sie muß sich niemals mit einem Buch auf dem Sofa langweilen
- Sie kann immer begründet Einladungen ausschlagen
- Sie muß saubere Pullover niemals länger als fünf Minuten tragen
- Sie kann besonders viele Besserwisser kennenlernen
- Sie darf sich unbegrenzt handwerklich weiterbilden
- Sie kann völlig frei entscheiden, ob sie pünktlich füttert oder erst, nachdem der Stall zerlegt ist
- Sie darf zu jeder Zeit ihre Kontoauszüge den Pferden vorlesen

Ideen zum Geldsparen

Ganz allgemein läßt sich sagen, daß Sie durch die Entscheidungsfreiheit, die Sie als Selbstversorger haben, weitaus häufiger Möglichkeiten zur sinnvollen Einsparung überhaupt wahrnehmen können. Vom Futter bis zum Bodenbelag im Auslauf, vom Verhältnis eigener Arbeit bis zum Einsatz entlohnter Dienstleistung ist hier ein Abwägen in allen Bereichen möglich, das sich spürbar bezahlt machen kann.

Stall und Auslauf

Wer nicht das Glück hat, seinem Pferd mindestens einen halben Hektar Auslauf bieten zu können, wird sich Gedanken zur Flächenbefestigung machen müssen. Die Tretschicht muß pferdegeeignet, die Auslaufpflege möglichst leicht und schnell zu bewältigen sein.

In den meisten Fällen wird ein Schotterbett mit einer darauf aufgebauten Tretschicht und einer Drainage erforderlich sein. Eine leicht zu pflegende Oberfläche ist gewaschener Flußsand, doch Vorsicht: Wenn Sie unbeschlagene Pferde halten, die diesen Sandauslauf und einen angrenzenden gepflasterten oder betonierten Futterplatz benutzen, wird der Hufabrieb möglicherweise zu groß sein. Sand ist bereits beim Kauf etwas preisgünstiger als Nadelholzspäne. Bei der weitaus huffreundlicheren Tretschicht aus Nadelholzbrocken findet leider zudem ein spürbar schnellerer Verrottungsprozeß statt, und die Tretschicht muß in kürzeren Abständen ausgetauscht werden, ist vielleicht nur drei Jahre in brauchbarem Zustand statt sechs wie beim Sand und damit eindeutig teurer. Letzteres hängt aber auch sehr von der Sorgfalt beim Absammeln des Mistes ab!

Ein zwischen Unterbett und Tretschicht gelegtes Bauvlies, das vielfach als Trennschicht empfohlen wird, weil es preisgünstiger ist als Paddockmatten, kann sehr lästig und letzlich teuer werden. Meist beginnt es nach einiger Zeit, mit Nähten und Kanten an die Oberfläche zu kommen, wo es eine Stolperfalle ist und außerdem gefährlich werden kann, wenn Pferde daran herumknabbern. Ein Bauvlies für einen 150 qm großen Auslauf kostet ca. 500 Mark, Paddockmatten etwa das fünfzehnfache. Wenn Sie ein Vlies benutzen, scheuen Sie hier nicht die Ausgabe für das professionelle Vernähen aller Überlappungen und verdeutlichen Sie dem Bauunternehmer, wie groß die Kräfte sein können, die über den Huf eines stoppenden Pferdes durch die Tretschicht (vor allem durch Sand ohne Beimengungen) auf den Untergrund einwirken. Es ist selbst dann noch wahrscheinlich, daß Sie nach wenigen Jahren doch das Vlies entfernen müssen.

Ein täglich gepflegter Auslauf hält weitaus länger, und Sie können versuchen, durch einen teilweisen Materialaustausch in jedem Sommer auf den Bauunternehmer zu verzichten, der Ihnen sonst alle paar Jahre mit Bagger und Kipper neuen Sand angeliefert und verteilt hat.

Wenn Sie Sand oder Holzspäne nur zusätzlich anschütten wollen, können Sie mit etwas Glück im Frühjahr günstig abgefahrenen Spielplatzsand und im Herbst Baum- und Strauchschnitt von der Gemeinde bekommen. Die Gefahr dabei besteht im ersten Falle in einer möglichen Beimengung von Scherben und Spielzeugautos, im zweiten in Giftpflanzen: Es empfiehlt sich, Strauchschnitt gezielt von bekannten Straßen (z.B. nach Fällung von ungiftigen Alleebäumen) anfahren zu lassen. Nadelholzspäne von Lärche und Fichte verrotten weit langsamer als Laubbaumschnitt.

Ein *Stallboden* aus isolierenden Gummi- oder Recyclingmatten ist in mehrfacher Hinsicht empfehlenswert. Sie brauchen weniger Stroh oder Späne zum Einstreuen, nur noch ein Drittel

Eine Bodenraufe ist hygienisch und spart Futter. (Foto: Schmelzer)

bis die Hälfte, denn Kälte von unten ist kein Problem mehr. Die Streu soll nur noch etwas polstern und Urin aufsaugen. Sie brauchen folglich weniger Stroh einzulagern oder Späne zu kaufen, weniger Mistkarren wegzubringen und weniger Mist zu entsorgen, was sich im täglichen Zeitbudget bemerkbar macht. Sie sparen aber auch bares Geld: beim Strohkauf zum einen und bei der Mistentsorgung durch Landwirte zum andern. Wann sich eine solche Stallmatte bezahlt macht, hängt von den örtlichen Preisen ab. Ganz sicher hat sie ihren Anschaffungswert in wenigen Jahren eingespart, wenn Sie mit den teuren Hobelspänen oder einer Hanfstreu arbeiten müssen.

Eine *Bodenraufe* für das Rauhfutter, die außen vor dem Stall im befestigten Bereich fest installiert wird, reduziert die Menge zertretenen und beschmutzten Futters, das anschließend über den Misthaufen entsorgt werden muß, ganz erheblich. Sie sollte in kleinen Privatanlagen von zwei bis drei Pferden groß genug sein, ein ganzes Bund zu fassen, und je nach Anzahl der Pferde von allen Seiten erreichbar, oder aber länglich und breit genug, etwa an der Längsseite einer Stallwand unter dem Vordach angebracht sein. In größeren Beständen mag auf eine handelsübliche Rundballenraufe zurückgegriffen werden, die für den kleinen Privatpferdehalter wegen fehlender Maschinen zur Bewegung von Rundballen ungeeignet ist. Als Raufe können Sie sich eine einfache Holzkiste mit Luftschlitzen zwischen den Brettern selbst bauen. Geeignet sind auch Gitterboxpaletten und große Drahtkörbe aus dem Industriebedarf, die sich mit Hilfe von Karabinerhaken oder Kettennotgliedern einfach an Wänden und Pfosten befestigen lassen.

Leider wird es immer schwieriger, Landwirte zu finden, die bereit sind, *Pferdemist* abzunehmen. Üblich ist es inzwischen, daß der Pferdehalter dem Landwirt die Abfuhr bezahlt. Aus diesem Grund kann sich die Anlage eines *Wurmkompostes* bezahlt machen: Mit Hilfe von Kompostwürmern kann Mist relativ schnell in brauchbaren Wurmhumus umgewandelt werden. Dieser Kompost kann, wenn er reif ist, als Dünger auch auf der Pferdeweide ausgebracht werden, da er keine Parasitenstadien mehr enthält. Das Kompostierverfahren macht Sie, bei allerdings mehr eigener Arbeitsleistung, unabhängig von der Entsorgung durch Landwirte und ist außerdem unter ökologischen Aspekten sehr zu befürworten. Eine Kompostmiete erfordert keinen befestigten Boden, sondern ist im Gegenteil auf das Bodenleben angewiesen. Sie sparen auf diese Weise Geld ein für Dünger, und in stadtnahen Gebieten können Sie zudem Wurmhumus zu den gängigen Marktpreisen an Kleingärtner verkaufen.

Zum Thema Beistellpferd

Wenn Sie Ihr Pferd in Eigenregie halten und nicht in einer Haltergemeinschaft, stehen Sie vor dem Problem, ihm Gesellschaft verschaffen zu müssen. Ziegen, Schafe und der Haushund sind hier wirklich nur dritte Wahl und bestenfalls eine Übergangslösung. Zumindest eine Mini-Herde in Form eines halbhohen Artgenossen muß her.

Die *Anschaffung eines Beistellpferdes* oder -ponys kann mit etwas Glück und einer richtig plazierten Anzeige ohne großen finanziellen Aufwand vonstatten gehen. Viele Pferdebesitzerinnen sind froh, ihr nicht mehr reitbares Pferd auf diese Weise in gute Hände abgeben zu können.

Achten Sie darauf, daß das Tier im Typ und hinsichtlich der Haltungsanforderungen und Futterverwertung zu Ihrem Pferd paßt, das erspart viel Ärger und Zeitaufwand. Wenn Sie ein Vollblut und ein Shetlandpony dauernd trennen müssen, sind Sie zeitlich weitaus stärker eingebunden als nötig. Zu Ihrem Vollblut paßt dann besser der alte Reitpony-Wallach, der ein langsamer Fresser und nicht mehr so guter Verwerter ist.

Es ist eine angenehme Lösung, wenn Sie von der Besitzerin eines nicht mehr reitbaren Pferdes eine monatliche Unkostenpauschale bekommen, mit der sie ihrer Verantwortung dem Tier gegenüber Rechnung trägt, das sie jahrelang genutzt hat. In diesem Falle geht es natürlich nicht in Ihr Eigentum über. Ganz egal wie Sie sich einigen, die Bedingungen müssen klar umrissen und in einem Vertrag schriftlich festgehalten sein, unter Berücksichtigung aller Eventualitäten: Das Beistellpferd könnte sterben, erkranken oder einen Schaden verursachen.

Sie wissen oder können sich ausrechnen, was selbst ein genügsames Pony Sie im Monat kostet: Futter, Schmied, tierärztliche Grundversorgung durch Impfungen und Wurmkuren; hinzu kommt die nicht unerhebliche Zeit, die Sie für die Pflege des Ihnen anvertrauten Tieres aufwenden müssen, denn auch ein Beistellpferd braucht Zuwendung und eine Bezugsperson. Ist das Tier nicht mehr reitbar, werden Sie voraussichtlich kein "Pflegemädchen" dafür finden.

Stellen Sie jedoch ein *Pensionspferd* zur Gesellschaft Ihres Pferdes ein, haben Sie anstelle zusätzlicher Kosten eine finanzielle Erleichterung.

Bei der Haltung eines einzelnen eigenen Pferdes in Eigenregie ergeben sich für Sie durch ein Pensionspferd gleich mehrere Vorteile:

· Sie haben keine Unkosten durch das zweite Tier
· Sie können vielleicht einen kleinen Gewinn erzielen, der die Haltung Ihres eigenen Pferdes verbilligt
· Ihr Pferd hat Gesellschaft
· Sie selbst haben Gesellschaft: beim Reiten, je nach Vereinbarung auch Hilfe bei anfallenden Arbeiten
· Sie haben keine nennenswerte Mehrarbeit durch das zweite Tier: Misten und füttern müssen Sie ohnehin, und zeitraubende Arbeiten wie Putzen und Bewegen werden vom Besitzer selbst erledigt.

Zu beachten ist, daß Vereinbarungen in einem Vertrag festgehalten werden sollten. Wenn Sie bei der Auswahl des Pensionspferdes auch auf Sympathie zur Besitzerin achten, kann Ihnen eine solche Regelung sehr dabei helfen, die Freude am Hobby zu behalten und nicht in Arbeit und Geldnöten zu ersticken.

Überlegen Sie sich Ihre Mindestbedingungen aber vorher! Sie müssen klar wissen, worauf es Ihnen in der Hauptsache ankommt: Sollen Ihnen bestimmte Arbeiten unbedingt abgenommen werden, weil Ihr Problem die fehlende Zeit ist, oder ist Ihnen das Geld wichtiger, und Sie bieten eine Rundumversorgung des Pensionspferdes an? Wenn Sie nicht ausreichend Platz für ein zweites Pferd in Ihrem Winterquartier haben und es deshalb

doch eine Ziege sein muß, können Sie vielleicht wenigstens in den Sommermonaten zur Weidezeit ein zweites Pferd unterbringen, mit allen genannten Vorteilen.

Pferde brauchen andere Pferde; allein gehaltene Tiere sind einsam. (Foto: Koller)

KEINE ZEIT,
ZU VIEL ZU TUN?

Mancher, der aus Kosten- oder anderen Gründen viele Arbeiten selbst erledigt, klagt dafür über Zeitmangel. Die meisten Pferdebesitzer möchten ihre Pferde reiten oder fahren. Um einen halbwegs befriedigenden Trainings- und Gesundheitszustand des Pferdes zu erreichen, muß es mehrere Male pro Woche entsprechend gearbeitet werden. Pferde, die die ganze Woche im Auslauf herumstehen und -wandern und dort nur einen gelegentlichen Spurt einlegen, bleiben zwar (hoffentlich) gesund, sind aber nicht fit. Plötzliche reiterliche Anforderungen wie etwa mehrstündige Ausritte am Wochenende, dies womöglich noch in bergigem Gelände, werden ihnen auf die Dauer schaden.

> Die häufige Klage von Selbstversorgern, daß vor lauter Arbeit keine Zeit zum Reiten oder zur Pferdepflege bliebe, deutet auf einen Mißstand hin, der geändert werden sollte!

Wenn eine Pferdebesitzerin wirklich so in der Fürsorge für und in der Arbeit rund um ihr Pferd aufgeht, daß ihr dies zur Hauptsache wird und Zufriedenheit bereitet, sie am Reiten dagegen kaum noch Interesse hat, sollte sie überdenken, ob die Haltung eines Reitpferdes oder -ponys für sie überhaupt sinnvoll ist. Warum nicht lieber in kleinem Rahmen planvoll züchten? Warum nicht einem alten Gnadenbrotpferd ein Zuhause geben, das für artgerechte Haltung, Zuwendung und einen sonntäglichen Spazierritt dankbar ist, aber nicht mehr nach Arbeit und Anforderung verlangt?

Das durchschnittliche Freizeitpferd jedoch soll geritten und gearbeitet werden, und das mit Spaß. Ständige Hetze vermiest die Freude am Hobby ebenso nachhaltig wie das Gefühl, einem Berg von Arbeit nicht gewachsen zu sein.

Ein Problem für Berufstätige, das sich besonders in der Offenstallhaltung, aber auch überall dort bemerkbar macht, wo Pferde den ganzen Tag in Ausläufen verbringen, ist das der frühen Dunkelheit in den Wintermonaten. Ponys stehen satt und zufrieden vor ihren Offenställen und naschen am Heu, und durch viele, viele Ausläufe bewegen sich langsam flackernde kleine Lichtlein ... keine Sinnestäuschung, sondern Freizeitreiterinnen mit Taschenlampen und Bollengabeln, mitleidig belächelt von Nachbarn und Reitstalleinstellern. Leider ist die Trefferquote beim Taschenlampeneinsatz nicht sehr hoch, und die Prozedur dauert deutlich länger als bei Tageslicht.

Wer so feste Arbeitszeiten hat, daß er monatelang an den Wochentagen nur im Dunkeln am Stall sein kann, wird die Pferdehaltung als Selbstversorger schwierig und bedrückend finden. Man kann wenig machen im Dunkeln, denn nicht nur die Arbeit wird behindert, sondern auch der Beschäftigung mit dem Pferd sind enge Grenzen gesetzt. Die wenigsten haben eine beleuchtete Reithalle bequem in der Nähe. Diejenigen jedoch, die Gleitzeitregelungen haben oder sich eine längere Mittagspause erbitten können, werden im Rennen gegen die Dunkelheit etwas weniger im Nachteil sein. Vielleicht läßt sich so an vier Wochentagen noch im letzten Licht absammeln, wenn dafür an einem länger gearbeitet wird, oder es mag sich einpendeln, das morgens zu erledigen und dafür den beleuchteten Stall abends erst zu misten. Unterschätzen sollte man nur nicht, wieviel Streß der ständige Wettlauf gegen die Zeit verursachen kann.

Eine genaue Problemanalyse ist immer von der Einzelsituation abhängig, kann aber von jedem bewältigt werden. Zu Beginn wird der Zustand genau erfaßt. Eine typische Woche lang, also nicht etwa im Urlaub, sondern am günstigsten in der stallarbeitsreichen Zeit von November bis April, sollten alle Aktivitäten der Tagesabläufe beobachtet und notiert werden: Wann sind Sie am Stall eingetroffen, was haben Sie gemacht, wie lange haben Sie für jede einzelne Tätigkeit gebraucht, wann waren alle zu erledigenden Arbeiten abgeschlossen - und: Warum sind Sie nicht geritten? Wirklich keine Zeit mehr, oder war es schon dunkel, oder waren Sie nach dem Ausmisten schlicht zu erschöpft?

Wenn Sie auf diese Weise eine Woche lang oder nach Belieben auch länger Buch geführt haben, können Sie sich diese Notizen vornehmen und genauestens auswerten. Sie werden erstaunt sein! Das, was Sie bisher immer nur für eine kleine Nebensächlichkeit gehalten haben, z.B. das Füllen von Heunetzen mit aufgeschüttetem Heu ("Ich komme sofort, ich muß nur noch schnell die Netze stopfen"), entpuppt sich plötzlich als ein ausgewachsener Zeitfresser. Vielleicht stellen Sie fest, daß Sie allein für das Wegfahren

voller Mistkarren jeden Abend über eine halbe Stunde benötigen, denn leicht übersieht man, daß die Karren ja nicht einfach umgekippt werden, sondern der Mist anschließend auch noch schnell oben auf den Haufen geschaufelt werden muß. Sie dachten, das dauere nur fünf Minuten? Wie das Befüllen der Heunetze? Nur seltsam, daß trotzdem der Abend schon wieder um ist, die Pferde vor dem Stall ungeduldig auf ihr Futter warten und Sie beim Blick auf die Uhr ein schlechtes Gewissen bekommen, weil Sie längst zu Hause sein wollten. Tja, mit dem Reiten, das war ja wohl mal wieder nichts...

Lösungsvorschläge zur besseren Zeiteinteilung können hier natürlich nur angeregt werden, ihre Brauchbarkeit im Einzelfall wird unterschiedlich sein. Kreativität und Ideen sind gefragt!

Regelmäßige Futterzeiten und Abläufe helfen Mensch und Pferd (Foto: Koller)

Grundsätzlich lassen sich jedoch zwei Arten von Vorschlägen unterscheiden: Einmal ist es eine sinnvolle Arbeitsteilung zwischen mehreren Menschen, geeignet vor allem für Haltergemeinschaften in gemieteten Anlagen, in denen bauliche Veränderungen und größere Investitionen nicht zur Debatte stehen; zum anderen sind es arbeitssparende Anschaffungen, kleinere Umbauten und ähnliches, die sich besonders dort eignen, wo Arbeit nicht auf mehrere Personen verteilt werden kann, aber Investitionen sich deshalb auch eher lohnen. Diese Vorschläge wenden sich vorzugsweise an den Alleinversorger im eigenen oder langfristig gepachteten Stall.

Arbeitsteilung in der Haltergemeinschaft

Eine vernünftige und durchdachte Verteilung anfallender Arbeiten auf möglichst viele kompetente Personen ist für den einzelnen der sicherste Weg, Zeit zu sparen und nicht ständig an bestimmte Uhrzeiten gebunden zu sein. Die Verteilung von Arbeit ist weitaus effektiver, als es die bestmögliche Organisation des einzelnen Versorgers je sein kann.

Zunächst sollte von den Pferdebesitzerinnen einer Haltergemeinschaft ein vollständiger, chronologisch möglichst genauer Plan der anfallenden Arbeiten als eine Art "Stall-Stundenplan" erstellt werden: Was muß morgens erledigt werden, was vormittags und mittags, was abends? Die Reihenfolge sollte dabei ungefähr stimmen, weil das übersichtlicher ist; wichtig ist

auch, die Dauer der einzelnen Arbeiten anzugeben.

Erfahrungsgemäß ist die gebündelte Arbeit rund um mehrere Pferde, wenn sie sich auf alle Besitzer verteilen läßt, vergleichsweise erheblich leichter und vor allem schneller zu bewältigen als bei der individuellen Versorgung jedes einzelnen Pferdes durch seine Besitzerin.

Stall Kunterbunt: Tagesplanbeispiel

Es stehen sechs Pferde im Stall, tagsüber im Auslauf.

Früh: Füttern in den Boxen; Futtereimer und Heu sind vorbereitet.
Dauer: 15 Minuten

Früher Vormittag: Pferde in den Auslauf lassen.
Dauer: 10 Minuten

Mittag: Rauhfutter im Auslauf vorlegen.
Dauer: 10 Minuten

Abend: Boxen misten und neu streuen, Misthaufen ordnen, Wasserkübel auffüllen, Rauhfutter abwerfen, Heu für einige Pferde tauchen, Kraftfutter und Medikamente in Eimern bereitstellen, Stall fegen, Hof fegen, Pferde reinholen, füttern. Futter für den nächsten Morgen bereitstellen.
Dauer: 2 Stunden

Wenn ein solcher Tagesplan steht, muß festgestellt werden, wer zu welcher Zeit überhaupt frei ist, um Stallarbeiten zu erledigen. Eine erste Verteilung ergibt sich so automatisch. Bei Berufstätigen wird sich, von arbeitszeitlich Bevorteilten einmal abgesehen, die Hauptaktivität auf den späten Nachmittag und frühen Abend konzentrieren.

Hier gibt es zwei grundsätzliche Möglichkeiten: Entweder erledigen alle alles gemeinsam und nutzen auch dieselben Zeiten zur Beschäftigung mit ihren Pferden. Dieses Verfahren ähnelt in der Praxis nicht selten einem gemeinsamen Wettlauf gegen das schwindende Tageslicht. Zudem entstehen leicht Unstimmigkeiten, wenn manche Besitzer häufig nicht da sind, andere dagegen jeden Abend regelmäßig selbst nach ihrem Pferd sehen.

Empfehlenswerter ist die Methode, jedem an bestimmten Tagen die Verantwortung für alles zu übertragen, bei einem größeren Pferdebestand auch zwei Personen, und die anderen freizustellen, so daß sie ohne jeden Zeitdruck ihrem Hobby, dem Reiten, nachgehen oder einfach mal einen Abend zu Hause bleiben können. Die Konsequenz einer solchen Einteilung ist die, daß einer oder zwei die Arbeit gründlich und in Ruhe erledigen und ihre Pferde einen Ruhetag einlegen, sofern sie sie nicht anschließend noch arbeiten wollen, die anderen Pferdebesitzer unterdessen in Ruhe reiten können. Am nächsten Tag trifft es dann einen anderen. Der erarbeitete "Wochen-Einsatzplan" sollte an zentraler Stelle im Stall aufgehängt werden, an einer Pinnwand etwa oder über der Sitzecke in der Sattelkammer; zusätzlich jedoch sollte jeder Beteiligte eine Kopie davon zu Hause haben, die er jederzeit zu Rate ziehen kann.

Sinnvoll ist, daß die Arbeitsteilung nicht nur vom Zeitaufwand, sondern auch von der Häufigkeit der Einbindung her möglichst gerecht ist, da sonst Unzufriedenheit aufkommen kann.

Natürlich sind auch völlig andere Arbeitsteilungen vorstellbar. Wichtig ist nur, daß eine Rundum-Versorgung der Pferde zuverlässig gewährleistet ist und daß dem einzelnen möglichst viel freie Zeit bleibt, die er ohne Streß und Hetze mit seinem Pferd, aber auch nach Wahl mit anderen Dingen verbringen kann. Eine durchdachte Planung kann die Lebensqualität des berufstätigen Pferdebesitzers entscheidend erhöhen.

Leider klappt das alles in der Praxis nur selten reibungslos. Spannungen und Streitigkeiten zwischen den Beteiligten an einer Haltergemeinschaft sind an der Tagesordnung, und es geht meistens entweder um Geld oder um Arbeitsleistungen. Um so deutlicher ist die Notwendigkeit nicht nur eines schriftlichen Vertrages, sondern auch eines detaillierten Pflichtenplanes: Jeder muß klar wissen, wann er was zu erledigen hat.

Pferde allein betreuen: Organisation ist gefragt

Trotz des großen Zeitaufwandes und der Einschränkungen ihrer persönlichen Freiheit durch die regelmäßigen Bedürfnisse der Tiere wagen sich zunehmend mehr Freizeitreiterinnen daran, sich einen Traum zu erfüllen und die Stadt zu verlassen, um ihr Pferd entweder ans Haus zu holen oder in der Nähe einen kleinen Stall zu pachten. Dort sind sie dann mehr oder minder allein für Wohl und Wehe ihrer Tiere verantwortlich. Von vielen stadtgebundenen Freizeitreitern werden sie beneidet, obgleich das nicht immer gerechtfertigt ist. Manchmal sind Gleichgesinnte zur Gründung einer Haltergemeinschaft einfach nicht zu finden. Manchmal zwingen die Umstände dazu, die Versorgung des Pferdes selbst zu übernehmen: Hustenpferde wurden nicht verläßlich mit Naßheu gefüttert, oder Arthrosepferde kamen entgegen allen Vereinbarungen nicht ganztägig in einen Auslauf. Nicht immer ist schnell ein besserer Stall zu finden, und wer die Möglichkeit dazu überhaupt hat, verläßt sich vielleicht nach schlechten Erfahrungen am liebsten auf sich selbst.

Der größte Nachteil der Pferdehaltung in Eigenregie liegt auf der Hand: Die Freizeitreiterin ist, von gelegentlichen Hilfseinsätzen von Freunden abgesehen, mit dem täglichen Arbeitsanfall allein. Gleichzeitig aber haben gerade diese häufig sehr engagierten Pferdefreundinnen einen recht hohen Anspruch an die Haltungsbedingungen, die sie ihrem Pferd bieten. So wird ein Beistellpferd angeschafft, die Stallhygiene wird großgeschrieben, und täglicher Auslauf während der Arbeitszeit der Besitzerin ist eine Selbstverständlichkeit.

Angesichts eines Bergs an Arbeit, der nicht zwischen mehreren Personen aufgeteilt werden kann, müssen Hilfsmittel, bauliche Veränderungen und eine gute Organisation dazu beitragen, daß die Arbeit von einer Person zu leisten ist, ohne daß die Pferde darunter leiden - zumal die Pferdehalterin nicht selten berufstätig und Zeit ohnehin knapp ist.

Eine genaue Planung des Alltags ist deshalb von ganz entscheidender Bedeutung. Insbesondere die Wintermonate, in denen meist keine Weide zur Verfügung steht, die Pferde rundum voll versorgt und bewegt werden müssen und es dazu auch noch sehr früh dunkel wird, sind unendlich fordernd. Einige Minuten des Austüftelns und Überlegens am Schreibtisch können stundenlange, sinnlose Arbeiten ersparen; bereits kleinere Investitionen können Zeitaufwand verringern. Jede gesparte Minute kann der Beschäftigung mit den Pferden selbst zugute kommen!

Zunächst sollte auch hier der bereits beschriebene Tagesplan erstellt werden, der über mehrere Tage den typischen Verlauf, die Reihenfolge und Dauer von Arbeiten festhält (s. S. 40). So wird erkennbar, welche Jobs absolute Zeitfresser sind: Wenn das tägliche Heutauchen und Befüllen der Netze eine Dreiviertelstunde in Anspruch nimmt, wenn das Absammeln nur im Dunkeln geschehen kann und dann entsprechend lange dauert oder wenn man an jedem dritten Abend die volle Mistkarre von den Ponys umgeworfen bekommt und sie wieder beladen muß, sollte man sich schon einmal auffällige rote Kreuzchen auf den Plan malen: Hier sind Veränderungen angesagt, gute Ideen gefragt, muß über den Arbeitsablauf nachgedacht werden.

Wirklich helfen kann bei der Bewältigung der täglichen Arbeitsroutine zumindest in der ersten Zeit, in

*Ungünstig -
aber vermeidbar!
(Foto: Koller)*

Umbauphasen oder jeweils für einige Tage nach der Weidesaison, eine kleine Liste der täglichen Arbeiten, die für das Wohlbefinden der Pferde nötig sind, in sinnvoller Reihenfolge. Hier können zwei Klassen von Arbeiten unterschieden werden: Solche, die unmittelbar das Pferd betreffen und wirklich täglich erledigt werden müssen, und solche, die durchaus gelegentlich unerledigt liegenbleiben können, ohne daß das Pferd es zu spüren

---

Beispiel Hollerbusch-Hof: Anfallende Arbeiten

<u>a) für die Pferde unmittelbar wichtig:</u>

Rauhfutter naßmachen
morgens füttern
mittags Rauhfutter vorlegen
Knabberäste hinlegen
abends füttern
Stall ausmisten
Stall einstreuen
Auslauf absammeln

<u>b) nur mittelbar wichtig:</u>

Rauhfutter abwerfen
in Netze füllen
Hof fegen
Karren wegbringen
Misthaufen ordnen
Mist aufladen/wegbringen
Kraftfutter holen
Auslauf harken, schleppen
Knabberzweige holen
Scheune fegen

bekommt. Diese beiden Arten von Arbeiten werden überblicksartig, zunächst ungeordnet, notiert.

Versetzen Sie sich in Ihr Pferd, um die täglich notwendigen Arbeiten von denen trennen zu können, die auch mal ausfallen dürfen: Ihr Pferd will vernünftig essen, ausreichend Auslauf und Bewegung haben, die Umwelt wahrnehmen, spielen und an einem trockenen, sauberen Ort schlafen können. Das heißt, Tätigkeiten wie Füttern, Misten und Wasser Kontrollieren sind das Mindestprogramm für jeden Tag. Hinzu kommen noch Handgriffe, die für den reibungslosen Ablauf erforderlich sind: Egal ist es Ihrem Pferd nämlich, ob die volle Mistkarre bis morgen früh hinter dem Stall stehenbleibt, die Sie selbst dann aber wieder brauchen, und zwar leer. Die in der Beispielaufstellung unter b) aufgeführten Jobs dagegen sind nicht täglich notwendig. Grundsätzlich lassen sie sich in längeren Intervallen durchführen, was dann zwar etwas länger dauert, Ihnen an den besonders stressigen Wochentagen jedoch mehr Zeit für anderes läßt, für die Pferde selbst zum Beispiel.

So kann Rauhfutter bei kleineren Pferdebeständen vielleicht für jeweils eine Woche auf Vorrat abgeworfen werden, der Hof wird nur an jedem zweiten oder dritten Tag gründlich gefegt, Futtermittel werden alle vier Wochen gleich in lohnenden Mengen geholt anstatt jede Woche ein einzelner Sack.

> *Stellen Sie für sich einen kleinen Plan auf, in dem Sie nur die bei Ihnen täglich notwendigen Arbeiten auflisten. Tüfteln Sie anschließend eine günstige Reihenfolge aus.*

Nichts hilft effektiver dabei, Zeit einzusparen, als das genaue Durchdenken der täglichen Abläufe: Sie vermeiden unnötige Wege, Sucherei, und es wird Ihnen nicht mehr passieren, daß Sie morgens in der Eile auch noch vor der stehengebliebenen vollen Mistkarre stehen. Alle weniger wichtigen Arbeiten verschieben Sie konsequent auf das Wochenende und erledigen sie dann ohne Zeitdruck zügig en bloc. Mit einem kleinen Plan verhindert man uneffektives Verzetteln. Alles geht wirklich sehr viel schneller, wenn man nicht zwischendurch dauernd überlegen muß, was man am günstigsten als nächstes tut!

> Rationelles Arbeiten darf nicht auf Kosten der Tiere gehen. Eine ungepflegte Stalleinstreu, die nur wöchentlich oder gar dreiwöchentlich ersetzt wird, spart sicher Zeit und ist bequem, aber sie ist eine Zumutung für jedes Pferd und begünstigt außerdem Krankheiten.

Um Mißverständnissen vorzubeugen: Ein Plan darf nicht alle Abläufe reglementieren und aus dem Hobby einen zusätzlichen Streßfaktor machen. Keinesfalls soll er die Flexibilität behindern, dem Abend am Stall alle Entspannung nehmen oder zu zwanghaftem Perfektionismus verführen. Er kann jedoch dazu anregen, einen günstigen Ablauf zu ermitteln, durch den Zeit gespart wird, und durch die bald routinemäßige Reihenfolge der Arbeiten kehrt mehr Ruhe ein, werden auch wichtige Dinge nicht so leicht vergessen. Gewinnen Sie nur eine halbe Stunde, können Sie schon wieder den Auslaufsand aus zwei Pferdefellchen bürsten und hinter vier Ohren kraulen, und das in Ruhe.

Beispiel Hollerbusch-Hof: Organisationsplan

Morgens: Pferde anbinden, Kraftfutter geben, Boxenpaddocks reinigen, Heu und Stroh draußen in Bodenraufe füllen, Pferde losbinden (die dann die Boxen Richtung Heu verlassen), Boxen ausmisten und fegen, volle Karre stehenlassen

Mittags: Nachbarin füllt Heu nach in Bodenraufe

Nachmittags: etwas Heu in Raufe, ungestört mit zweiter Karre Auslauf absammeln im Hellen, Wasser kontrollieren und ggf. nachfüllen, beide Karren auf den Misthaufen verbringen, Pferde arbeiten/putzen

Abends: Pferde anbinden, Kraftfutter geben, Heu und Stroh draußen in Bodenraufe, losbinden, Stall einstreuen

Tips konkret

• Jede Arbeit geht schneller und sicherer von der Hand, wenn sie nicht von neugierigen Pferden behindert wird. Schaffen Sie sich Möglichkeiten, die Tiere auf einfache Weise fernzuhalten: Wenn Sie den Stall misten, können Sie sie aussperren oder mit einer Rauhfuttergabe woanders beschäftigen; wenn Sie den Auslauf absammeln, können Sie sie gleichzeitig im Offenstall zum Fressen anbinden. Sie sparen enorm Zeit!

• Das Einstreuen, während ein Pferd in der Box steht, ist aus verschiedenen Gründen zu unterlassen. Die Staubentwicklung belastet die Lunge, das Hantieren mit der Gabel ist nicht ungefährlich, und außerdem steht das Tier im Weg. Es sollte also grundsätzlich dann stattfinden, wenn das Pferd draußen im Auslauf ist: entweder eine ganze Weile vor dem Aufstallen bzw. Füttern, so daß der Staub sich setzen kann, oder nachdem das Pferd gefressen und den Stall wieder Richtung Auslauf verlassen hat. Schneller geht das Einstreuen einer gerade unbewohnten Box natürlich auch!

• Wenn Sie längere Wege haben, etwa zum Misthaufen, verdeutlichen Sie sich einmal mit Bleistift und Papier Ihr Hin- und Herlaufen. Wahrscheinlich fällt Ihnen dabei auf, daß Sie Umwege laufen, weil in Richtung Mistkompost kein Tor im Auslaufzaun ist, oder daß Sie immer wieder die Mistgabel am falschen Ort stehen haben und zurücklaufen müssen. Eine simple Änderung der Reihenfolge oder ein Tor im Zaun an der benötigten Stelle können hier Abhilfe schaffen.

Es gibt sichere Methoden, Pferde abzulenken, wie etwa frische Knabberzweige. (Foto: Koller)

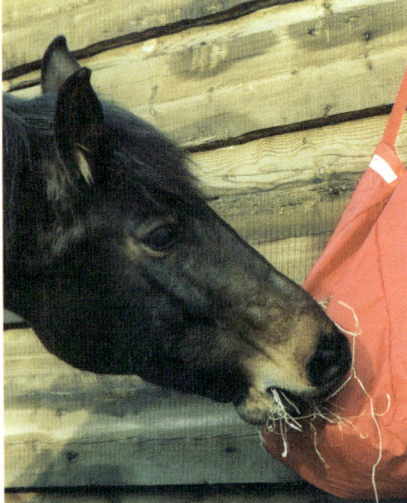

Heunetze beschäftigen sie ebenfalls eine Weile. (Foto: Koller)

• Die Örtlichkeiten legen oft bestimmte Abfolgen nahe, die aber jeder für sich finden muß. Wenn der Hof beleuchtet ist, der Auslauf aber nicht, sollte man erst absammeln, denn fegen läßt es sich auch noch im Dunkeln bei Lampenlicht; müssen dagegen die Pferde über eine befahrene Straße geführt werden, sollten zügig die Boxen vorbereitet werden, damit die Tiere noch im Hellen geholt werden können. Grundsätzlich gilt: Wege verkürzen, doppelte Arbeit vermeiden.

• Es kann sinnvoll sein, Gerätschaften fest am Einsatzort zu positionieren. Eine alte Mistgabel kann permanent beim Wurmkompost stehen, damit nicht nach dem Absammeln erst der Mistboy weggestellt und eine Gabel geholt werden muß. Der breite Besen bekommt einen Haken neben dem Hoftor, der schmale Stallbesen neben der Tür zum Offenstall, und eine alte Schaufel in der Ecke des Anbindeplatzes spart manchen Schritt. Alles natürlich so abgestellt, daß es von den Pferden nicht erreicht werden kann. Eine solche Bestückung entspricht nicht der gängigen Vorstellung von Ordnung, ist aber enorm praktisch. Natürlich sollten nur alte Geräte Wind und Wetter ausgesetzt sein, um gute neue wäre es zu schade; aber auf diese Weise erfüllt noch manch kurzgekratzter Besen einen Zweck, der sonst längst weggeworfen wäre.

• Nicht alles muß täglich erledigt werden. Es spart Zeit, mehr auf einmal zu erledigen, und das seltener. Das Abwerfen von Heu und Stroh kann, zumindest in kleinen Beständen, einmal wöchentlich geschehen. Tränkwas-

Geburtstagsfete

Die Landratten laden zum Geburtstag ein, und immer noch kommen alle gern, obwohl sie wissen, was da auf sie zukommt. Schon in der Einladung wird klipp und klar gesagt, daß auf Blumen und Mitbringsel zu verzichten ist, weil das Geburtstagskind sich wieder mal Arbeitsdienste wünscht. Vor der abendlichen Grillfete werden denn auch alle eingeteilt: Die Städter schieben Schubkarren mit Holzspänen in den Auslauf, bohren Löcher für Zaunpfosten, spannen Draht und schleppen Strohbunde auf den Heuboden. Zum Glück scheint die Sonne. Es wird viel gelacht über manche Ungeschicklichkeit, niemand ist solche Arbeit gewöhnt, der Getränkekasten leert sich. Gegessen wird viel, geschlafen gut! Nach dem Frühstück in der riesigen Küche wird stolz noch einmal alles besichtigt: der saubere neue Auslauf, der schöne gleichmäßige Weidezaun. Sie werden auch nächstes Jahr wiederkommen. Am zufriedensten, und sehr, sehr erleichtert, ist jedoch das Geburtstagskind.

Schlupftore sind enorm praktisch. (Foto: Koller)

Steile Weiden verursachen viel zeitaufwendige Handarbeit. (Foto: Schmelzer)

ser muß täglich kontrolliert, aber nicht unbedingt täglich erneuert werden. Bietet man den Pferden mehrere große Kübel an, läuft man wenig Gefahr, daß sie alle auf einmal verschmutzt werden, und ein Befüllen in zwei- bis dreitägigen Abständen reicht völlig aus, Überprüfung vorausgesetzt!

Moderne, gut sichtbare Elektro-zäune sind weitaus preiswerter und schneller aufgebaut als Festzäune aus Holz, Kunststoff oder Gummi.
(Foto: Schmelzer)

• Die *Weiden* muß man meist hinnehmen, wie sie kommen. Mit den Nachteilen problematischen Weidelandes ist ein großer Zeitaufwand bei der Weidepflege verbunden, weil vieles von Hand geschehen muß, wenn die Fläche nicht befahrbar ist (Bäume, Steilhang o.ä.). Auch das Absammeln einer Hangweide ist anstrengend und zeitraubend. Grundsätzlich ist es deshalb günstig, große befahrbare Flächen zu pachten, die regelmäßig maschinell nachgemäht werden können. Wer besonders wenig Zeit hat und das Absammeln auf großen Weiden nicht bewältigen kann, sollte die Weide als Mähweide führen: Ein Landwirt kann zur Zeit des Futterbergs, also etwa Ende Mai, einen Silageschnitt für seinen Viehbestand einbringen, und die Pferde werden erst im Juli auf diese Weide gelassen. Damit bleibt das Parasitenproblem unter Kontrolle, regelmäßige Wurmkuren vorausgesetzt. Die Weide, auf der die Pferde im Mai standen, kann nach dem zweiten Aufwuchs abgemäht werden, ebenfalls nach Möglichkeit wieder für eine andere Tiergattung.

• Planen Sie ausreichend Tore im Auslauf ein: Wo betreten Sie mit der Mistkarre den Auslauf, an welchem Ende verlassen Sie ihn damit wieder? Es ist unsinnig, mit der vollen Karre durch tiefen Boden zum Eingang zurückzulaufen, wenn der Misthaufen am anderen Ende ist.

• Schlupftore, schmale Unterbrechungen des Zauns, lassen Sie bei Ihren Routine-Versorgungsarbeiten durch, die Pferde jedoch nicht. Das erspart viel lästiges Öffnen von Toren und Elektrobändern und bringt Sie nicht in die Versuchung, zu häufig unter Zäunen durchzuschlüpfen; letzteres belastet auf die Dauer den Rücken.

> Gerade das so wichtige Absammeln von Pferdeäpfeln ist ein Zeitfresser!

• Je kleiner Weideflächen sind, desto mehr Arbeit machen sie, denn auf häufiges Ausmähen der Geilstellen, sorgfältiges Absammeln mindestens zweimal in der Woche und penible Unkrautbekämpfung kann bei kleinen Flächen nicht verzichtet werden. Auch läßt sich eine unökologische Intensivierung der Weidewirtschaft nicht ganz vermeiden, sonst verwandeln sie sich in parasitenverseuchte, unkrautbewachsene größere Ausläufe.

• Eine *Selbsttränke* ist ein deutliches Plus, selbst wenn sie nicht heizbar ist und bei starkem Frost vorsichtshalber abgestellt werden muß. Es macht sich in Ihrer Zeit deutlich bemerkbar, ob Sie Ihre Pferde von Hand mit Wasser versorgen oder nur täglich schnell die Tränken kontrollieren. Eimer schleppen sollten Sie grundsätzlich nicht. Bei zwei Pferden würden Sie etwa 60 bis 70 Eimer in der Woche tragen müssen, die Zeit für das Befüllen nicht gerechnet!

• Ein *Schlauch mit Schlauchwagen* ist auf die Dauer mindestens erforderlich. Er kann mit wenigen Handgriffen in den Tränkkübel gehängt werden und ist mit Hilfe der Kurbel anschließend schnell und sauber wieder aufgewickelt. Unter hohem Druck stehende Wasserschläuche können ein erschreckendes Eigenleben entwickeln. Damit man den Schlauch im Kübel nicht ständig beaufsichtigen muß, sondern unterdessen anderes erledigen kann, empfiehlt es sich, ihn am Kübelrand mit einer Klammer (z.B. Leimklemme) gut festzuklemmen.

• Ist überhaupt kein Wasseranschluß in der Nähe, besteht vielleicht die Möglichkeit, einen *Brunnen* bohren zu lassen. Über Bestimmungen dazu informiert Sie die Gemeinde oder Kreisverwaltung.

• Wenn Sie Ihre Pferde zum Füttern an den Trögen anbinden, können Sie dort Ketten mit *Halsriemen* anbringen. Die Riemen sind an der richtigen Stelle immer griffbereit, mit einem Handgriff geschlossen, und Sie müssen nicht eigens zum Füttern die Tiere aufhalftern.

• Die pflegeleichtesten *Auslaufzäune* sind unzweifelhaft Elektrozäune. Hier sollte nicht gespart werden: Pferde respektieren sie, wenn die Zäune wirklich solide, gut sichtbar und ohne Schlupflöcher gebaut werden. Ponys mogeln sich gern unter dem unteren Draht her oder reißen dünne Litzen einfach durch. Geben Sie ihnen von vornherein keine Chance: Konfrontieren Sie den Dickkopf mit drei oder mehr Reihen dicken Elektroseils an stabilen Holzpfosten, und er wird aufgeben. Sie haben keinen Ärger mit angefressenen Latten und können das Band oder Seil je nach Bedarf schnell und leicht ersetzen. Auf sehr engem Raum allerdings sind Elektrozäune dem Pferd gegenüber unfair und verursachen Streß; für Boxenpaddocks und Engstellen sollten Sie deshalb nach einer anderen wartungsarmen, haltbaren Lösung suchen. Der Handel bietet z.B. Zaunelemente aus Metall an, die hier zum Einsatz kommen könnten.

• Wichtig ist es, nur ein Zaunsystem mit allem Zubehör zu verwenden. In Frage kommen Breitbänder ab 1 cm oder Elektroseile, die inzwischen in Stärken ab 5 mm im Handel sind. Das Zubehör in Form von Verbindern, Isolatoren, Spezialisolatoren, Griffen etc. ist ein ziemlicher Kostenfaktor, und Unterschiede sind hier ebenso spürbar wie bei Band und Litzen selbst. Wenn Sie mit einem System anfangen, z.B.

Breitband, und später feststellen, daß es für Ihre Zwecke ungeeignet ist, dann ist es sehr teuer, auf ein anderes System mit allem Zubehör umzustellen. Es empfiehlt sich deshalb, mit Blick auf das Temperament der Pferde, die einzuzäunende Fläche und andere entscheidende Faktoren, ein geeignetes System zu ermitteln. Kommen mehrere Varianten in Frage, läßt sich an einem Stück Zaun (z.B. eine Seite des Auslaufs) ganz konkret durchrechnen, wie viele Verbinder, Isolatoren und Meter Band benötigt werden und welche der Varianten die kostengünstigste ist.

• Respektieren Ihre Pferde den Elektrozaun gut, können Sie Zeit beim Öffnen der *Tore* einsparen, indem Sie jeweils nur einen Griff pro Tor verwenden, in dem oberes und unteres Torband zusammenlaufen. Paßt nun auch noch die Schubkarre unter dem Elektroband des Tores her, müssen Sie ein Tor nur noch für sich selbst, der Karre folgend, öffnen und haben keine Probleme mehr mit hinausdrängenden Pferden, denn Sie brauchen den Torgriff nicht aus der Hand zu legen.

• Der *Misthaufen* sollte so angelegt werden, daß wenig Handarbeit nötig ist, um den Mist zu entsorgen. Es ist weitaus weniger anstrengend, täglich hundert Meter mit der Mistkarre zu fahren bis an einen Platz, den der Landwirt mit dem Frontlader erreichen kann, als an jedem dritten Wochenende mit Karre und Gabel Mistberge von

Mit einfachen Mitteln kann man effektiv einer Heuallergie entgegenwirken. (Foto: Koller)

Hand auf einen Miststreuer aufzuladen. Zum Schutz von Grundwasser und Boden sind hier strenge Auflagen hinsichtlich der Befestigung zu beachten. Sehr bequem ist es, wenn der Mist abgekippt werden kann und nicht nach oben auf einen Haufen geschaufelt werden muß. Das spart spürbar Zeit. Wer keinen Naturabhang hat, unter dem Mist oder Komposthaufen angelegt werden können, kann sich mit einer Rampe behelfen, von der Mist in eine befestigte "Kiste" oder ein Silo abgekippt wird. Wände verhindern, daß der Mist oder Kompost beim Aufladen vom Frontlader weggedrückt wird.

• Unschlagbar ist in der Pferdehaltung natürlich ein *Traktor mit Frontlader*. Mit einem solchen Alleskönner ist die Pferdehalterin nicht länger auf Hilfsdienste der Landwirte angewiesen, sondern kann auch schwerste Arbeiten in kürzester Zeit selbst bewältigen, und dies zu dem Zeitpunkt, zu dem sie erledigt werden müssen. Zubehör für gelegentliche Aktionen kann bei Lohnunternehmern oder Landwirten geliehen werden. So können an einem einzigen Tag die Löcher für einen ganzen Weidezaun gebohrt werden, können in einer Stunde zehn Kubikmeter Mist den Ort wechseln, kann die Tretschicht im Auslauf verteilt oder das Wasserfaß zur Weide gebracht werden. Leider ist ein Traktor teuer, erfordert im Umgang einiges an technischem Verständnis und wird sich für viele Kleinstbestände nicht lohnen, oder es besteht Schwellenangst vor einer Anschaffung, weil die Pferdehalterin meint, damit nicht umgehen zu können.

• Viele *Zugarbeiten* lassen sich nach einiger Übung mit dem Pferd selbst erledigen. Ist das Pferd bereits eingefahren, wird es schnell auch lernen, mit Gummireifen den Sandauslauf glattzuziehen oder eine Strauchegge (bitte ohne gefährliche Zinken!) über die Weide zu schleppen. Maulwurfshaufen von Hand zu verteilen dauert erheblich länger.

• Mit den richtigen Kleingeräten läßt sich äußerst effektiv Zeit sparen bei den Stallarbeiten. Dazu gehören breite *Straßenbesen*, die Sie in jedem Landhandel erhalten. Mit einer Arbeitsbreite von 60 cm haben Sie damit im Nu Heu und Stroh von glatten Flächen gekehrt.

• *Kornschaufeln aus Aluminium* sind ca. 40 cm breit und fassen einen ganzen Wurf Pferdeäpfel, aber tun auch gute Dienste beim Leeren des strohgestreuten Stalles. Die Einstreu einer ganzen Nacht, Mist inklusive, ist mit fünfmal schaufeln auf die Karre geladen! Dauert das Misten und Fegen einer Box mit Wechselstreu mit Mistgabel und normaler Schaufel normalerweise etwa zehn Minuten, brauchen Sie mit der Kornschaufel nur noch knapp die Hälfte.

• Eine normale *Schubkarre*, die ca. 85 Liter faßt, ist mit zwei solch großer Schaufelladungen Mist allerdings voll. Wiederum im Landhandel erhalten Sie Karren, die bis zu 200 Liter fassen, ohne gleich auf die teuren großen Abkippkarren zurückgreifen zu müssen. Das entspricht der Ausbeute an Mist und verdreckter Stroheinstreu aus zwei über Nacht benutzten Boxen, die morgens komplett geleert werden. Mit einer kleinen Karre wären Sie dafür dreimal zum Misthaufen gefahren, da die große sich auch besser befüllen läßt. Hier müssen Sie allerdings etwas auf das Gewicht achten, wenn Sie nicht Rückenprobleme riskieren wollen.

• Zaunpfosten können Sie ohne einen *Erdlochbohrer* kaum fest setzen. Mit dem Spaten ausgehobene Löcher sind groß, mühselig herzustellen, und die Erde um den Pfahl muß anschließend gründlich verdichtet werden. Bei geeignetem weichen, schweren Boden ist ein Lochbohrer von unschätzbarem Wert. In der Tat kann selbst eine allein arbeitende Frau eine kleinere Weide mit Hilfe dieses Geräts ohne fremde Hilfe fest einzäunen. Zudem können Sie so billige, nicht angespitzte Pfähle verwenden.

• Eine *Spänegabel* ist praktisch, wenn Sie einen Sandauslauf abzusammeln haben. Im Reitsportfachhandel erhältlich sind Modelle aus Metall, die vorn stumpfe Zinken haben, und solche aus Kunststoff, die, angeblich unzerbrechlich, etwas spitzer sind. Die Metallmodelle eignen sich nicht für Späneeinstreu, da man mit den stumpfen Zinken Stalleinstreu nur vor sich herschiebt, sehr gut jedoch zum zügigen Sammeln von Mist in lockerem Sand. Feuchter Sand kann sehr schwer sein, was diese Metallgabeln problemlos aushalten. Die Kunststoffmodelle brechen unter solchen Belastungen nach einiger Zeit, eignen sich dafür wiederum besser zum Umgang mit einer Einstreu aus Hobelspänen und auch Stroh. Nicht geeignet sind neunzinkige Steingabeln, wie sie im Landhandel zu bekommen sind.

• Wer gewachsenen Erdboden oder härtere Oberflächen, z.B. festgetretene Holzbrocken, absammeln muß, kann sich einen *Mistboy*, also eine Plastikschaufel mit Griff und zugehöriger Kratzharke, kaufen oder selber machen. Leider sind die kleinen Aluminiumharken wenig stabil, lassen sich aber leicht durch eigene Konstruktionen ersetzen; in jedem Baumarkt bekommen Sie sehr kleine Harken und passende, dünne Stiele.

• Das sicherste Mittel zum Einsparen von Zeit ist aber in jedem Falle ein Verteilen der Arbeit auf mehrere Schultern, zumal bestimmte Arbeiten auch zu mehreren weitaus besser ausgeführt werden können. Die private Pferdehalterin kann durch eine Reitbeteiligung gegen Mithilfe oder durch ein "Pflegemädchen", aber auch durch das Einstellen eines Pensionspferdes Gleichgesinnte zur Mithilfe gewinnen (s.a.S. 36). Durch gemeinschaftliches Tun läßt es sich nicht nur schneller, sondern auch leichter arbeiten.

Heustaubvermeidung

Einer der häufigsten Gründe für Pferdebesitzerinnen, das eigene Pferd aus dem Pensionsstall und in die eigene Obhut zu nehmen, ist ein hartnäckiger chronischer Husten. Die Ursache liegt meist in der Haltung. Viele dieser Pferde reagieren allergisch auf Heu und Strohstaub, genauer: auf die im Rauhfutter immer enthaltenen Pilzsporen. Schadgase aus Matratzenstreu schädigen die angegriffene Lunge weiter. Um den Staub zu vermeiden, müssen Heu und Stroh entweder durch andere faserreiche Produkte wie Grassilage oder Trockengrün ersetzt werden, oder das Rauhfutter muß naß verfüttert werden, so daß der Staub gebunden wird und nicht eingeatmet werden kann. *Silage* wirft meist Probleme auf, da sie bei kleinen Beständen nicht in ausreichender Menge verfüttert werden kann, die großen Rundballen aber schnell verderben. *Trockengrün* und *gesackte Heulage* sind teure Produkte, deren Verwendung hinsichtlich Transport und Verpackungsaufwand auch ökologisch kritisch zu sehen ist.

Bleibt die *Naßfütterung*: Heu und Stroh werden gewässert. Das ist zunächst ein mühseliges Unterfangen, das täglich halbe und ganze Stunden kosten kann, denn ein Übersprühen mit dem Schlauch ist nicht ausreichend.

Die berufstätige Pferdebesitzerin ist im allgemeinen gezwungen, die Heuportionen für jeweils 24 Stunden, also etwa Abendportion, Morgenportion, Mittagsportion, im voraus vorzubereiten, da sie für aufwendigere Arbeiten nur einmal täglich Zeit hat. Leben ihre Pferde im Offenstall, werden sie auch zusammen gefüttert und müssen dann natürlich alle nasses Heu bekommen.

Die simpelste Methode ist die, alle Heu- und Strohportionen passend in Heunetze zu füllen, diese nacheinander mit Hilfe eines Gewichtes in einem Wassergefäß mehrere Minuten unterzutauchen und sie anschließend abtropfen zu lassen. Zweckmäßig ist es, zwei oder drei Gefäße, etwa Mörtelkübel, nebeneinander aufzustellen und die Netze anschließend zum Abtropfen an Haken darüber zu hängen. Unterdessen kann bereits das nächste Netz ins Wasser, und auch immer zwei gleichzeitig. Bei zwei Pferden und drei täglichen Heugaben sowie zwei großen Strohportionen täglich müssen Sie bereits acht Netze mühselig befüllen, untertauchen und abtropfen lassen. Erfahrungsgemäß dauert dieser Vorgang 30 Minuten oder länger, und es lassen sich schlecht nebenher andere Arbeiten ausführen. Garantiert werden Sie dabei naß, bekommen mit der Zeit rissige Hände und sind ständig schmutzig von der lästigen Hantiererei mit dem Schlauch. Zur vorübergehenden Staubausschaltung (etwa zur Vorbeugung einer Allergisierung bei Infektionen) ist diese Methode jedoch gut geeignet, da sie ohne großen Materialaufwand überall möglich ist.

Heustauballergien sind jedoch meist chronisch, und langfristig ist der Zeitaufwand für das Tauchen von Netzen sehr hoch. Der Handel bietet für kleine Bestände brauchbare Lösungen an: eine Tauchwanne für ein Bund, einen Dampfbefeuchter für ein Bund, und eine Tauchwanne für mehrere Bunde. Eine alte Badewanne mit einem darüber angebrachten Flaschenzug zu einem Bruchteil der Kosten tut es allerdings auch, und Ihr Zeitbudget ist spürbar entlastet.

FUTTER

Durch eine preisgünstige Fütterung lassen sich die monatlichen Unterhaltskosten für ein Pferd durchaus beeinflussen, interessant vor allem in Haltergemeinschaften und bei Selbstversorgern. Futtermittel unterschiedlichster Art und Qualität werden heute von unzähligen Firmen produziert, und der Zusatzfuttermarkt boomt. Aus der Breite des Angebots kann gezielt ausgewählt, durch Vergleiche günstig eingekauft werden. Damit es nicht zu Mißverständnissen kommt, sei vorweg gesagt: "Günstig" darf nicht auf Kosten des Pferdes gehen! Gemeint ist, daß man durch sinnvolle Planung von Bedarf und Einkauf an einigen Stellen sparen kann.

Rauhfutter

Heu kaufen Sie am preiswertesten gleich ab Feld. Der Bauer kann Pferdehaltern sein Heu nur dann günstig anbieten, wenn er es nicht mit viel Arbeitsaufwand bereits auf seinen eigenen Heuboden gepackt, dort einige Monate gelagert und dann erst weiterverkauft hat, womöglich noch inclusive Anlieferung. Sprechen Sie rechtzeitig vor der Heuernte mit einigen Landwirten und sagen Sie auch, wieviel Heu Sie brauchen. Nur so kann der Landwirt seine Kapazitäten einteilen; er kann dann aber auch Ihr Heu länger stehen lassen und Ihnen eine für Pferde geeignete Qualität anbieten, immer vorausgesetzt natürlich, das Wetter spielt mit. Für seine Milchkühe würde er das Gras bedeutend eher schneiden und vielleicht silieren. Durch qualitativ hochwertiges, für Pferde geerntetes Heu kann Gesundheitsschäden vorge-

Üblich ist heute Preßheu, das in Ballen unterschiedlicher Größe zu bekommen ist. (Foto: Schmelzer)

beugt werden, so daß gerade bei diesem wichtigsten Grundfuttermittel keine Kompromisse eingegangen werden sollten.

Die aktuellen Heupreise erfahren Sie aus der regionalen landwirtschaftlichen Wochenzeitung. Angegeben ist meist der Preis pro Doppelzentner, also für 100 kg Heu, den die Landwirte bei Verkauf an die landwirtschaftliche Genossenschaft ab Feld erzielen können. Der private Pferdehalter, der noch dazu beliefert wird, muß je nach örtlichen Gegebenheiten mit einem Preis rechnen, der um ein Drittel bis zur Hälfte darüber liegt. Genau feststellen läßt sich der vom Pferdehalter gezahlte Preis ohnehin nur, wenn der Landwirt die Heuwagen wiegt; meist jedoch wird leider nach einem Preis pro Bund berechnet, so daß man nie genau weiß, wieviel Heu man nun wirklich auf dem Boden liegen und bezahlt hat. Wenig Auskunft geben die Heupreise über die Qualität der Ernte, eher schon über die Menge eingebrachten Futters.

In einem absolut verregneten Jahr, in dem nur feucht gepreßtes Heu zu bekommen ist, sollte nach Alternativen gesucht werden. Gutes Heu des Vorjahres mit einer entsprechenden Mineralergänzung etwa wäre dann vorzuziehen. Die Kosten, die langfristig durch das Verfüttern staubigen oder muffigen Heus und nachfolgende Atemwegsprobleme des Pferdes entstehen, sind nicht nur immens höher als der Zupreis für besseres Heu, sondern sind tatsächlich das kleinste Problem, ist ein Pferd erst erkrankt. Angeboten wird inzwischen auch Heu aus Naturschutzgebieten, das per LKW antransportiert und Pferdehaltern besonders empfohlen wird. Diese interessante Möglichkeit ist jedoch nur sinnvoll für den Pferdebesitzer, der vorher die Qualität prüfen kann und nicht allzu weit entfernt von der Ernteregion wohnt; wer ansonsten sein Heu von einer maßvoll gedüngten, kräuterreichen Mähwiese in seiner Nähe bekommen kann, tut der Umwelt sicherlich einen größeren Gefallen.

Für Stroh gilt sinngemäß dassselbe wie für Heu: nach rechtzeitiger Anmeldung und ab Feld. Bei Stroh kann es Ihnen sonst passieren, daß Sie keines mehr bekommen oder auf schlecht zu handhabende Rundballen zweifelhafter Qualität angewiesen sind, denn Stroh wird heute meist gehäckselt und wieder untergepflügt.

Sprechen Sie mit so vielen Bauern, bis Sie einen finden, der Ihnen Stroh anbieten kann, das nicht mit Halmverkürzern und auch sonst möglichst wenig gespritzt ist! Der möglicherweise etwas höhere Preis für relativ unbehandeltes Stroh kann ruhig in Kauf genommen werden: Sie erhalten dafür spelzen- und gras- oder kräuterreiches Stroh, das gern gefressen wird und Feuchtigkeit bestens aufsaugt, ganz davon abgesehen, daß es viel gesünder ist. Als Futterstroh in Maßen eingesetzt, kann es zu Teilen das teurere Heu ersetzen, beruhigend auch in schlechten Heujahren.

Heualternativen

Heustaubvermeidung ist ein Problem, mit dem sich immer mehr Pferdehalter auseinandersetzen müssen. Es gibt durchaus gute, einsetzbare Futtermittel, die zusammen mit einer darauf abgestimmten Ration und strohfreier Einstreu dafür sorgen können, daß ein atemwegsgeschädigtes Pferd sich erholen kann. Allerdings muß in den meisten Fällen die Heustaubvermeidung konsequent über den Rest des Pferdelebens beibehalten werden.

Silage als Heuersatz ist eine Möglichkeit. Der Vorteil liegt darin, daß Grassilage fast überall problemlos zu bekommen und zunächst einmal nicht teurer ist als gutes Heu. Allerdings hat Silage nicht den Rohfasergehalt von Heu, so daß eigentlich eine Strohzufütterung dringend erforderlich ist, was bei manchem Allergiker die Besserung verhindert. Die üblichen großen Rundballen sind für kleine Bestände nicht brauchbar, da sie zum einen ohne Schlepper nicht bewegt, zum anderen nicht schnell genug verbraucht werden können. Selbst wenn kleine Ballen zu bekommen sind, stellt sich oft erst beim Öffnen heraus, daß die Silage nicht mehr in Ordnung ist, und diese Ungewißheit macht die Silagefütterung zu einer nicht selten sehr teuren Alternative!

Heulage wird nur noch selten eingefahren, ist jedoch über den Futtermittelhandel gesackt zu beziehen. Die Qualität ist gleichbleibend gut, der Preis dafür hoch, zumal noch Transportkosten anfallen. Zwar wird in der Tagesration etwas weniger Heulage benötigt als bei Heufütterung, dennoch kommt man ohne Schwierigkeiten auf das Drei- bis Vierfache an Kosten pro Tag und Pferd - und dazu kommt noch eine teurere Zufütterung durch geeignete, rohfaserhaltige Mischfuttermittel, denn die beste Heulage kann eine reichliche Fütterung von Heu und Stroh allein nicht ersetzen. Neben den weitaus höheren Kosten bleibt der LKW-Transport zu beanstanden.

Trockengrün ist, meist in pelletierter oder würfelförmiger Aufbereitung, ebenfalls im Futtermittelhandel erhältlich. Trockengrünprodukte ermöglichen eine für den Pferdehalter sehr bequeme Art der staubfreien Fütterung, die aber größte Sorgfalt erfordert und teuer ist. Das Transportproblem stellt sich auch hier, die Produkte sind häufig sogar aus dem Ausland importiert.

Naßheu und -stroh - die weitaus umweltverträglichste, den Pferden zuträglichste, dabei mit Abstand preisgünstigste Methode der Heustaubvermeidung ist das Tauchen des regional erhältlichen Rauhfutters! Bei korrekter Handhabung, nämlich gründlichem, mehrminütigem Untertauchen von Heu und Futterstroh, ist der Staub mit den enthaltenen Schimmelpilzsporen gebunden und kann nicht mehr eingeatmet werden. Vom Nachteil des höheren Zeitaufwands abgesehen ist diese Methode die mit Abstand empfehlenswerteste: ausgewogene, rohfaserreiche Fütterung bleibt möglich, kein umweltschädlicher Warentransport ist erforderlich, zusätzliche Kosten enstehen nur bei der Anschaffung oder dem Selbstbau einer zeitsparenden Tauchvorrichtung (s.S. 54) und durch den höheren Wasserverbrauch.

*Nur für größere
Pferdehaltungen
eignen sich
Silagegroßballen.
(Foto: Schmelzer)*

*Gesackt und von
gleichbleibender,
geprüfter Qualität
ist Heulage ein
idealer Heuersatz.
(Foto: Koller)*

Krippenfutter

Allerlei Sorten von Kraftfutter können Sie in Reitsporthandlungen, bei Futtermittelhändlern, in der lokalen landwirtschaftlichen Genossenschaft, direkt beim Hersteller und über den Versandhandel beziehen. Die Bandbreite reicht vom aufwendig aufgeschlossenen Müslifutter bis zum billigen pelletierten Mischfutter aus der Viehfutterfabrik, und entsprechend variieren die Preise.

Wie sich die Ration am (kosten-) günstigsten zusammenstellen läßt, hängt letztlich von der gesamten Fütterung und dem Einsatz eines Pferdes ab. Ein Distanzpferd, das täglich ausgiebig trainiert wird und viel Energie benötigt, wird man nicht mit preiswertem Pelletfutter in großen Mengen füttern können, und einem rundlichen Haflinger, der auf den kostengünstigen Hafer vom Bauern nebenan mit krausen Ideen reagiert, wird man eher eine entsprechend größere (aber vergleichsweise immer noch kleine!) Menge rohfaserreicher Pellets verfüttern. Die Wahl einer Art von Futter wird deshalb unabhängig vom Preis erfolgen. Dann jedoch kann durch Vergleiche und das Überlegen von Alternativen die kostengünstigste Sorte und Marke ermittelt werden.

Tendenziell läßt sich sagen, daß **naturbelassene Einzelfuttermittel** wie Hafer, Gerste und Mais in der Nähe (Landhandel, Landwirte) zu bekommen und mit Abstand am preiswertesten sind. Werden sie ergänzt durch spezielle Mineralfutter, lassen sich über die Menge der Zuteilung Rationen für sehr unterschiedliche Tiere zusammenstellen. Die Zufütterung von Mineralien und Vitaminen ist allerdings besonders wichtig! Einzelfuttermittel können in ihrer Qualität schon grobsinnlich einfach beurteilt werden, so daß aufwendige Analysen nicht nötig sind.

Pelletierte Futtermittel sind in sehr unterschiedlichen Qualitäten und Zusammensetzungen erhältlich. Heute ist für praktisch jeden Einsatzzweck auch das "passende" pelletierte Mischfutter auf dem Markt. Der Pferdehalter selbst kann diese Futtermittel leider nicht beurteilen, einzig der Sackanhänger gibt Aufschluß über die verwendeten Zutaten.

Die Preise differieren stark. Wer unsicher ist, ob das lokale Pelletfutter aus dem Mischfutterwerk weniger empfehlenswert ist als das doppelt so teure, bundesweit vertriebene eines spezialisierten Pferdefutterherstellers, kann eine Probe zur Analyse einschicken. Bei nur mäßiger Verfütterung pelletierter "Alleinfutter" an leicht belastete Freizeitpferde dürften etwaige Qualitätsunterschiede jedoch kaum auffallen.

Möglich ist auch der Einsatz eines in doppelter Menge mit Mineralien und Vitaminen angereicherten sogenannten "Ergänzungsfuttermittels", das in Kombination mit Hafer oder Gerste gegeben wird und im günstigsten Fall ein zusätzliches Mineralfutter überflüssig macht. So läßt sich eine preisgünstige und dabei gut verträgliche Futterration zusammenstellen.

Müslifutter, aus dem angelsächsischen Raum zu uns gekommen, erfreuen sich steigender Beliebtheit. Der Pferdehalter erkennt bei genauerer Untersuchung noch die einzelnen Bestandteile, und diese Futter werden von den Pferden ausgezeichnet vertragen und meist sehr gern gefressen. Ähnlich wie bei Pelletfuttern gibt es sie inzwischen für jeden Einsatzzweck. Durch erfolgte Spezialbehandlung können die Inhaltsstoffe bestens verwertet werden, so daß sich die nötige Menge im Vergleich zu naturbelassenen Futtern etwas reduziert. Zudem sind auch Müslifutter bereits mit Vitaminen und Mineralien angereichert, wodurch bei passender Rationszusammenstellung ein zusätzliches Mineralfutter entfallen kann. Leider sind sie durchweg so viel teurer, daß sie preislich mit einer Hafer- oder kombinierten Hafer-/Pelletfütterung nicht konkurrieren können. Auch sind sie weniger lange haltbar, so daß es schwierig ist, durch Abnahme größerer Mengen preisliche Vorteile zu erhalten.

Insgesamt läßt sich feststellen, daß bereits bei der **Rationszusammenstellung** der erste Schritt zum sinnvollen Sparen getan werden sollte, denn eine übermäßige, der Nutzung und dem Typ des Pferdes nicht angepaßte Fütterung schadet nicht nur dem Tier, sondern verursacht unnötige Kosten. Ein Shetlandpony, das als Beistellpferd herumsteht, kommt mit Heu und einem Mineralzufutter aus; eine Zufütterung von Hafer wäre hier absolut nicht angebracht. Spezielle Pony-Diätfutter dienen weitaus eher der Zufriedenheit des Fütternden, der nun auch dem Pony seine Schüssel mit Leckereien reichen kann - genauso effektiv mit Blick aufs Pony, dabei weitaus günstiger für den Geldbeutel des Menschen wäre eine Reduzierung der Tagesration! Ein nur wenig gerittener und nur zeitweise mit Kraftfutter versorgter Norweger wird sicherlich auch das lokale Pelletfutter vertragen und mögen.

Beim **Einkauf** von Kraftfutter läßt sich genau wie beim Rauhfutter der Preis beeinflussen. Wo und wie Sie Ihr Kraftfutter beziehen, hängt natürlich von örtlichen Gegebenheiten und dem jeweiligen Angebot ab. Einige allgemeine Tips sind hier jedoch trotzdem möglich:
• Versuchen Sie, alle im Bedarf vergleichbaren Pferde mit demselben Misch- oder Müslifutter in jeweils angepaßten Mengen zu füttern und in Einzelfällen lieber kleine Zusätze zu verabreichen. So erreichen Sie größere Futtermengen, die Ihnen das Aushandeln von Rabatten ermöglichen.

• Gleiches gilt für Hafer und Gerste; Ansprechpartner sind hier die lokalen Raiffeisengenossenschaften.

• Wenn Sie einen Stall mit einer größeren Pferdeanzahl führen, etwa in einer Haltergemeinschaft mit mehr als sechs Tieren, errechnen Sie Ihren Monatsbedarf möglichst genau und sprechen Sie direkt einige Futtermittelhersteller an. Wenn Sie sich Mischfutter ab Werk lose mit dem LKW anliefern lassen, sparen Sie bis zur Hälfte gegenüber dem Ladenpreis! Achten Sie aber darauf, daß die Menge den Verbrauchsbedarf von sechs Wochen nicht wesentlich überschreitet, damit Vitaminzusätze nicht ihre Wirkung verlieren.

• Hafer ist neben Gerste nach wie vor das preisgünstigste Futtermittel. Ganzer Hafer ist deutlich länger lagerfähig als Quetschhafer und wird auch nicht schlechter verdaut, solange er einzeln, also ohne die *gleichzeitige* Gabe von Pellets, gegeben wird.

• Finanziell günstig und für Freizeitpferde auch durchweg sinnvoll ist es,
im Rahmen einer angepaßten Ration
möglichst viel Heu und dafür weniger
Kraftfutter zu verfüttern. Arbeitstech-
nisch ist es allerdings aufwendiger,
zusätzliches Heu zu lagern, als die
energetisch entsprechende Menge
Kraftfutter einzukaufen.

Frischfutter

Saftfutter ist in den Wintermonaten
wichtig für Pferde, die nicht täglich
auf einer Winterweide noch zusätzlich
am überständigen Gras herumnagen
können. Hier kommen Möhren,
Rüben, Äpfel und ersatzweise gut ein-
geweichte Melasseschnitzel in Frage.

Rüben kann man in Norddeutsch-
land häufig bei Landwirten direkt in
kleineren Mengen sehr preisgünstig
erwerben. Es ist allerdings schwierig,
sie über längere Zeit so zu lagern, daß
sie nicht bei feuchtem Wetter schim-
meln. Nach Gewöhnung werden sie
von den meisten Pferden gern gefressen.

Deutlich teurer sind **Möhren**; für
den Tierbedarf werden Futtermöhren
gesackt angeboten. Im Gegensatz zu
Futter- oder Zuckerrüben kann man
hier aber zumindest sicher sein, daß sie
von den Pferden mit Begeisterung
gefressen werden.

Melasseschnitzel sind eine akzeptable, sehr billige Ersatzlösung, wenn
gelegentlich zusätzlich einmal ein Sack
Möhren gekauft wird, oder wenn in
den ersten Wintermonaten auch Fut-
terrüben zugefüttert werden. Diese
Zuckerrübenschnitzel erhalten Sie

gesackt im Landhandel. Sie müssen
mindestens acht Stunden mit der drei-
bis vierfachen Menge an Wasser einge-
weicht werden! Sie können je nach
Außentemperatur die Schnitzel für
zwei bis drei Tage in einem Eimer vorab einweichen und mit einer Suppen-
kelle in die Tröge befördern. Verfüttern
Sie aber nur unbedenkliche Mengen,
gerade auch an Ponys, bei denen die
eingeweichten Schnitzel oft die Kraft-
futter-Ersatzration darstellen.

Äpfel sind bei Pferden jederzeit
willkommen. Wer jedoch nicht das
Glück hat, Äpfel aus eigener Ernte länger einlagern zu können, wird sie
schon allein aus Kostengründen kaum
als reguläres Futtermittel verwenden,
sondern allenfalls als gelegentlichen
Leckerbissen. Überlegen sollte sich
auch jeder selbst, wie weit er den welt-
weiten Lebensmitteltransport durch
sein Konsumverhalten unterstützen
möchte, damit deutsche Pferde im
Spätwinter Äpfel fressen können!

Zusatzfuttermittel

Durch das unendlich vielfältige Angebot an Futtermitteln, Mineralzusätzen,
Vitaminsäften und Pülverchen aller
Art, das die Reitsportszene beherrscht,
verliert man heute leicht das Gefühl
für Maß und Ziel. Kataloge mit unzähligen Angeboten fallen einem aus Zeitschriften entgegen, jeder der Anbieter
überzeugt mit seinen Argumenten: daß
seine Vitamine anders behandelt und
effektiver, seine Pülverchen höher konzentriert sind. Pferde sollen gelassener
werden durch Magnesium, gesundes
Hufhorn entwickeln durch Biotin und

Gesund und beliebt sind Äpfel und Möhren. (Foto: Schmelzer)

Zink, Arthrosen sollen gelindert werden durch Gelatine und Insekten abgehalten durch Knoblauch.

Ganz sicher sind viele solcher Futterzusätze durchaus auch wirksam. Grundsätzlich fragen sollte man aber, ob sie nötig sind oder ob Arthrosen und Hufprobleme sich nicht durch gesunde Haltung und Fütterung vermeiden, Temperamentschwierigkeiten durch vernünftige Ausbildung verhindern lassen. Wo Pülverchen und Kräuter wirklich lindern, sind sie auch angebracht. Die intensive Anbieterwerbung jedoch zielt darauf ab, für jede Situation das passende Futter zu haben, so daß der Halter kaum ruhigen Gewissens bleiben kann in der Gewißheit, sein Pferd optimal zu füttern: Etwas perfekter geht es immer noch! Allen Angeboten gemeinsam ist, daß sie sehr spezialisiert den Pferdehal-

ter bewerben und ihre hohe Qualität herausgestellt wird, die sich nicht zuletzt im Preis niederschlägt.

Viele abwechslungsreiche Futterergänzungen sind jedoch möglich, ohne daß auf solche Angebote zurückgegriffen werden muß. Leinsamen und Bierhefe sind in größeren Einheiten (ab 25 kg) im Landhandel erhältlich zu einem Bruchteil des Preises, zu dem die spezialisierten Firmen offerieren. Naturbelassener Knoblauch vom Gemüsehändler, nötigenfalls zerkleinert, ist ein Pfennigsartikel. Allerlei natürliche Zusätze können verfüttert oder zum Nagen angeboten werden, wenn sie anfallen und entsprechend preiswert sind: Äpfel im Herbst (in Maßen!), langes Gras aus dem Garten, Obstbaumschnitt, Weihnachtsfichten oder die im Sommer gemähten, dann getrockneten Brennesseln. Dort, wo Pferde sind, gibt es meistens auch Feldwege mit allerlei Kräutern, die zu sammeln und zu bestimmen durchaus Spaß macht. Kräuter und Brennesseln hängt man zum Trocknen am besten in Büscheln auf.

Leckerli

Beliebt sind die kleinen Appetithäppchen für zwischendurch, mit denen man das Pferd belohnen oder sich bei ihm bedanken kann. Überall angeboten werden zu diesem Zweck Tüten mit entsprechend dimensionierten Pferdepellets in den unterschiedlichsten Geschmacksrichtungen und Preislagen. Tatsächlich ist es jedoch unerheblich, ob über Leckerli dem Pferd wichtige Vitamine zugeführt werden oder nicht, denn die Vitaminversorgung sollte natürlich über die Fütterung sichergestellt sein!

Wer also gern eine kleine Belohnung für zwischendurch anbieten möchte (es ist natürlich korrekt, daß auf diesem Wege manche Konditionierung im Pferdeverhalten leichter erreichbar ist), kann im Grunde dafür alles verfüttern, was gern genommen wird, nicht schadet und nicht die Taschen verklebt. Und alles ist billiger als die käuflichen Belohnungshappen!

Einige Tips:

• hart getrocknetes, in Stückchen gebrochenes Brot. Auch die Kollegen im Büro werden gern für Sie sammeln, wenn an geeigneter Stelle ein luftdurchlässiger Leinenbeutel hängt!

• Knäckebrot, in Stückchen zerteilt

• bei größerem Bedarf lohnt es sich, einen Sack pelletiertes Futter in Form großer Pellets zu kaufen, die sich problemlos wie die speziell hergestellten Leckerli darreichen lassen, jedoch weitaus billiger sind (kosten nur ein Sechstel davon!)

• Knoblauchzehen, wenn das betreffende Pferd sie mag

• manche Pferde essen sehr gern Bananen, die sich allerdings weniger für die Hosentasche eignen

In England ist es üblich, daß Reiter stets eine Rolle Pfefferminzbonbons in der Tasche haben, aus der dann bei Bedarf in gerechter Verteilung zwischen Pferd und Mensch genascht wird. - Aber bitte ohne Zucker!

Rationsberechnungen - sinnvoll oder nicht?

Viele Pferdehalterinnen können angesichts des riesigen Futtermittelangebots heute kaum noch glauben, daß ihr Pferd mit Heu, Stroh, Hafer, Mineralfutter, regelmäßigen Gaben von Rüben oder Möhren und Knabberästen gesund und zufrieden den Winter überdauern kann. Wenn Sie irritiert sind und aus Unsicherheit viel Geld in Zusatzfuttermittel investieren, dann sollten Sie eine Rationsberechnung für Ihr Pferd erstellen lassen. Kompetente Fachleute bieten diesen Dienst im Anzeigenteil von Freizeitreiterzeitschriften regelmäßig an.

Geben Sie für die Berechnung diejenigen Futtermittel an, die Sie gern verfüttern möchten, weil sie Ihnen in der

Beschaffung kein Kopfzerbrechen machen, und lassen Sie die Zusätze erst einmal weg. Sie werden ein Grundgerüst für eine sinnvolle Verfütterung der leicht erhältlichen Futtermittel bekommen, das Sie bei Bedarf ganz gezielt mit Vitaminen ergänzen können.

Software zur Futterberechnung bei Pferden ist derzeit von unterschiedlichen Herstellern erhältlich. Wenn Sie gern das Gefühl einer ganz perfekten Pferdehaltung haben wollen, werden Sie vielleicht Freude an diesen Programmen haben. Notwendig sind sie nicht, denn es gibt einen Faktor, der errechnete Ergebnisse stets äußerst ungenau werden läßt: der freie Zugang mehrerer Pferde zum Rauhfutter, wie er bei bedürfnisgerechter Pferdehaltung nun einmal typisch ist. Sie werden nie genau wissen, wieviel Heu und Stroh Ihr Pferd im Laufe eines Tages zu sich nimmt, und ein einziges Kilo Heu mehr oder weniger kann eine Rationsbewertung von ideal zu ungünstig verändern. Nur bei Boxenpferden mit genau kontrollierbarer Futteraufnahme funktioniert die Sache wirklich, und selbst da bleiben individuelle Faktoren zu berücksichtigen.

TIERARZTKOSTEN NIEDRIG HALTEN

Tierarztkosten sind der unberechenbare Alptraum der meisten Pferdebesitzer: Sie kommen unerwartet, und sie kommen zusätzlich zu der schlimmen Situation, in der man mit einem ernsthaft kranken Pferd ohnehin ist. Das Fluchttier Pferd, das in unserer überbesiedelten Landschaft mit hoher Verkehrsdichte völlig fehl am Platze ist, gerät immer wieder in Konflikt mit dieser Umwelt. Unfälle entstehen bei Teilnahme am Verkehr, durch Ausbrüche von Weiden, durch Zaunbegrenzungen selbst, aber auch durch Zwistigkeiten zwischen Pferden, in deren Sozialverhalten und Herdenstruktur der Mensch eingreift, und nicht zuletzt durch Nutzung und Haltung der Tiere durch uns.

Vor Unfällen und ungeplanten Zwischenfällen ist niemand sicher. Selbst der pferdegerechteste Holzzaun kann unter ungünstigen Umständen zur Todesfalle werden, auch das trittsicherste Pferd kann ein Loch erwischen und sich Sehnen zerren oder Schlimmeres. Aber die Wahrscheinlichkeit von Zwischenfällen läßt sich mit einer artgerechten, nutzungsangepaßten Haltung, dazu einer guten Ausbildung und sicherheitsbewußtem Reiten ganz drastisch senken.

Dieses Thema ist zu komplex und kann an dieser Stelle keinesfalls ausführlich behandelt werden. (Weiterführende Literatur zu natürlicher Pferdehaltung finden Sie ab S. 92) Jedoch können einige markante Beispiele typischer, häufig auftretender und teurer Erkrankungen bei Reitpferden verdeutlichen, wie auf dem Weg über die Haltung Gesundheit und Belastbarkeit des Pferdes ganz entscheidend verbessert werden können, so daß eine gute Chance besteht, dem Tierarzt nur noch Impfungen und Wurmkuren zahlen zu müssen.

Heuallergien, Dämpfigkeit, chronische Bronchitis

Vielerorts ist es ein übliches Bild, daß besonders in den Wintermonaten der Tierarzt regelmäßig in den Stall kommt, um Pferde mit Schleimlösern und Hustenmitteln zu behandeln. In den weitaus meisten Fällen haben solcherart betroffene Tiere eine Allergie gegen Schimmelpilzsporen aus dem Rauhfutter entwickelt, die sich schleichend verschlimmert. Diese Tierarztrechnungen müssen nicht sein, dem Leiden lungenkranker Pferde kann vorgebeugt, aber auch später noch abgeholfen werden.

Verschiedene Faktoren zusammen lösen die Erkrankung aus, je nachdem, wie empfindlich das individuelle Tier ist. Dazu gehört zuallererst der Mangel an frischer Luft. Stalluft in geschlossenen Gebäuden ist immer mit Ammoniakausdünstungen aus der urinhaltigen Einstreu belastet, je nach dem hygienischen Zustand der Streu und der Stallbelüftung stärker oder weniger stark. Rauhfutter, auch bestes Heu, enthält immer einige Schimmelpilzsporen, je staubiger es ist, desto mehr. Mangelnde Bewegung durch Stallhaltung behindert zudem die Selbstreinigungstätigkeit der Lunge.

Kleine Verletzungen kommen immer wieder einmal vor. (Foto: Koller)

Um diese Faktoren auszuschalten, ist bei der Haltung darauf zu achten, daß das Pferd stets frische Luft atmen kann und die Einstreu so sauber ist, daß sie keine nennenswerten Gerüche entwickelt. Dies kann bereits in einer gut geführten Außenbox erreicht werden. Bei empfindlichen Pferden oder nach Infektionen sollte das Heu und Stroh naß verfüttert und eine staubfreie Einstreu gewählt werden, um einer Allergisierung vorzubeugen. Schlechtes Heu, einen Winter lang verfüttert, kann für ein Pferd im ungünstigsten Fall das Ende bedeuten.

> *Die Möglichkeit zu ständiger Bewegung an frischer Luft, wie sie in einem Offenstall mit angrenzendem Auslauf optimal gegeben ist, ist die beste Vorbeugung gegen Lungenprobleme.*

Auch einem bereits erkrankten Pferd kann durch eine Haltungsänderung meist noch so effektiv geholfen werden, daß die regelmäßigen hohen Tierarztrechnungen sich auf einen Eimer unterstützendes Kräuterfutter im Winter reduzieren lassen. Hier sollte neben der Umstellung in eine Paddockbox oder einen Offenstall auf staubfreies Futter (s.S. 35) und alternative Einstreu geachtet werden.

Zerrungen, Verstauchungen, Gelenkentzündungen

Es gibt eine typische Situation, die sehr oft zu Verletzungen führt und die sich vermeiden läßt: Bewegungshungrige Pferde kommen aus dem Stall und toben sich erst einmal aus, an der Longe, im Auslauf oder sogar unter dem Reiter. Kalte Sehnen und noch nicht aufgewärmte Gelenke leiden, verschleißen vorzeitig oder führen sofort zu einer Verletzung. Das energiegeladene Pferd bockt herum, ohne Rücksicht auf den gefrorenen Boden, vertritt sich ein Bein, tritt sich selbst in die Vorderbeine oder stürzt.

Diesen Pferdequalen und Tierarztrechnungen läßt sich ebenfalls durch eine Haltungsumstellung weitgehend vorbeugen. Man gönnt einem Pferd regelmäßig so viel Freiheit, daß Energien sich nicht derart anstauen können und daß es mit der Welt draußen und ihren Tücken wie etwa glattem oder gefrorenen Boden umzugehen lernt. Der Aufenthalt im Auslauf darf nicht das langerwartete Bonbon sein, sondern sollte so alltäglich sein, daß er keine gefährlichen Ausbrüche provoziert. Das heißt konkret: Täglich vielstündiger Auslauf ist vonnöten, wie er etwa in einer Stall/Auslauf-Kombinationshaltung oder in der Offenstallhaltung üblich ist. Paddockboxen allein reichen hierfür nicht aus! Das ständige Herumwandern in Ausläufen ist absolut notwendig für Arthrosepferde; manche teure Gelenkflüssigkeitsübertragung, viele Pferdeschmerzen sind vermeidbar!

Koliken

Gründe für Koliken reichen von allgemeiner Schwäche nach überstandenen Krankheiten über eine unbedachte Fütterung bis hin zum Streß. Besonders dann, wenn es in einem Stall immer wieder einmal zu Kolikerkrankungen kommt, sollte nach den Ursachen gesucht werden.

Durch eine sinnvolle Haltung, Fütterung und Nutzung läßt sich so manche Kolik von vornherein verhindern. Die häufige Fütterung kleiner Mengen und geeigneter Futtermittel steht hier sicherlich im Vordergrund. Schimmelige Einstreu aus großen Stroh-Rundballen, die womöglich wochenlang im Regen gestanden haben, führt nicht nur schnell zu Tierarztrechnungen, sondern möglicherweise gleich zum Verlust des Tieres! Angepaßte Mengen und die Möglichkeit zur ruhigen, ungestörten Futteraufnahme sind ebenso wichtig wie ein streßfreies Lebensumfeld. Auch die Nutzung spielt eine große Rolle, denn ein überfordertes Pferd wird nicht selten mit Magengeschwüren und Koliken reagieren.

Infektionen

Ein widerstandsfähiges Immunsystem ist der beste Schutz gegen viele Arten von Infektionskrankheiten und kann in kleinen Beständen, in denen Pferde keine Kontakte zu fremden Pferden haben, selbst die Influenza-Impfung überflüssig machen.

> *Durch eine möglichst naturnahe Haltung bei entsprechend rücksichtsvoller Nutzung erhält man sehr widerstandsfähige Pferde!*

Viel frische Luft, ein Kaltstall oder Offenstall und die Möglichkeit zur freien Bewegung sind die Grundzutaten einer gesunden Haltung. Vorbeugende wichtige Impfungen (Tollwut,

Tetanus) werden in den gegebenen Abständen verabreicht, und wer mit Rücksicht auf Wetterverhältnisse und das schlecht trocknende Winterfell sein Pferd mit Bedacht arbeitet oder die Haltung etwas an die Nutzung anpaßt, ein Pferd im Training etwa nachts in einer sauberen, kalten und zugfreien Box aufstallt, muß mit Tierarztbesuchen anläßlich von Infektionskrankheiten kaum rechnen.

Verletzungen

Viele Pferde stehen in Einzelboxen, weil ihre Besitzer fürchten, bei einer Gruppenhaltung würden sie sich ernsthafte Verletzungen zuziehen. Nicht selten entwickeln sie in der Folge verletzungsträchtige Psychosen: Sie schlagen gegen die Boxenwände, fahren mit den Zähnen an Metallstangen entlang oder verschleißen Gelenke durch unmäßiges Weben.

Die Gruppenhaltung von Pferden entspricht natürlichen Gegebenheiten, und wenn eine Gruppe zu Anfang mit Bedacht - passende Tiere ohne Hintereisen auf großer Fläche ohne enge Ecken - zusammengestellt wird, werden sich nach Klärung der Rangordnung kaum noch ernsthafte Rangeleien ergeben. Langfristig ist ein artgerecht gehaltenes Pferd immer eines, das Streß besser verkraftet, keine Psychosen entwickelt, seinen Bewegungsapparat intensiver trainiert und Umweltreize bedächtiger hinnimmt. Selbst bei langjährigen Koppern oder Webern kann die ständige Ablenkung dazu führen, daß das unerwünschte Verhalten sich stark zurückentwickelt.

Tierarzt wozu?

Stark vereinfacht ausgedrückt läßt sich sagen: Eine gesunde Haltung bringt gesunde Pferde. Soweit sich Unwägbarkeiten überhaupt beeinflussen lassen, ist dies die beste Strategie zur Vermeidung der meisten Tierarztkosten, im Verein mit einem überlegten Einsatz des Pferdes.

Trotzdem bleibt der Tierarzt sehr wichtig und wird immer noch regelmäßig gebraucht: Vorsorgeimpfungen gegen Tetanus und Tollwut, bei Pferden mit Fremdkontakten auch gegen andere Infektionskrankheiten, sind ebenso unerläßlich wie die nötigen Wurmkuren in angemessenen Abständen, die als Paste oder Flüssigkeit vom Tierarzt zu erhalten sind oder auch von ihm gespritzt werden können. Wurmkuren sind im Kühlschrank recht lange haltbar. Ein Verfallsdatum ist jeweils auf der Packung angegeben. Man muß sie nicht jedes Mal in der Praxis abholen, sondern kann jeweils eine Ration einlagern.

Wirft der Tierarzt beim Impftermin noch einen genauen Blick auf die Pferde und kontrolliert auf mögliche Probleme, checkt also etwa die Lunge eines ehemals mit chronischer Bronchitis belasteten Pferdes oder gibt eine Diätanweisung bei einem zu Rehe neigenden Pony, dann ist es keineswegs unmöglich, daß dies die einzige jährliche Tierarztrechnung bleibt, in mäßiger Höhe und mit bekannten Kosten: Wurmkuren, Impfungen, Anfahrt und Kontrolluntersuchung.

OHNE EISEN?

Die Aufwendungen für den Hufschmied beim beschlagenen Pferd sind beträchtlich. Bei einem angenommenen Preis für einen Rundumbeschlag von 190 Mark (dieser Preis variiert je nach Region und Angebot von 100 bis 260 Mark) und einer Beschlagsperiode von acht Wochen gibt die Pferdebesitzerin im Jahr 1140 Mark für den Schmied aus, das entspricht noch einmal rund der Hälfte der reinen Futterkosten beim Selbstversorger oder addiert sich zum ohnehin hohen Pensionspreis für das untergestellte Pferd. Weitaus höher kann dieser Betrag ausfallen, braucht das Tier aus gesundheitlichen Gründen Spezialeisen.

Beim unbeschlagenen Pferd sieht das schon ganz anders aus: bei einem angenommenen Preis von 35 Mark für das Ausschneiden und Berunden (20 bis 50 Mark sind üblich) in einem Intervall von sechs Wochen liegen die Kosten bei nicht einmal 300 Mark jährlich. Das wäre eine große finanzielle Entlastung, wäre sie nur möglich - aber leider sind bei einem Großteil der Pferde in unseren Ställen die Eisen oder ein anderer Hufschutz unverzichtbar. Viele haben es versucht und ließen die Eisen abnehmen. Nicht selten konnte das Pferd anschließend kaum stehen, schonte beim Reiten, das Horn schliff sich schnell ab, und der wieder erforderliche Beschlag konnte kaum noch untergenagelt werden.

Die enorme Ersparnis, die beschlaglos mögliches Laufen ihres Pferdes für die Besitzerin bedeutet, ist einer der Gründe, warum in diesem Kapitel recht detailliert darauf eingegangen wird. Weitere Vorteile bloßer Hufe sind anderer Art: Ohne Eisen ist der Bewegungsapparat des Pferdes weniger harten Belastungen ausgesetzt. Die Verletzungsgefahr in Herden ist viel geringer. Empfindliche Wege werden geschont, was zu größerer Akzeptanz der Reiter bei anderen Wegnutzern beiträgt.

Spezialbeschläge

Viele Erkrankungen am Bewegungsapparat des Pferdes, angefangen von der Rehe über Sehnenprobleme bis hin zu dramatischen Stellungsfehlern, sollen durch einen speziellen Hufbeschlag gebessert oder die Schmerzen für die Pferde begrenzt werden. Eisen mit verdickten Schenkeln zur Sehnenentlastung oder Rehebeschläge gehören dabei zum normalen Repertoire des Hufschmieds und werden nicht mehr hinterfragt.

Ein Gespräch mit dem Tierarzt kann klären, ob es wirklich Eisen sein müssen oder ob über einen entsprechend hingestellten Barhuf und ein geduldiges Trainingsprogramm eine Besserung erzielt werden kann. In vielen Fällen haben sich kontrollierte Versuche als erfolgreich erwiesen. Jedoch sollte man nicht um jeden Preis und ohne tierärztliche Betreuung einem Pferd die schmerzlindernden Eisen abnehmen!

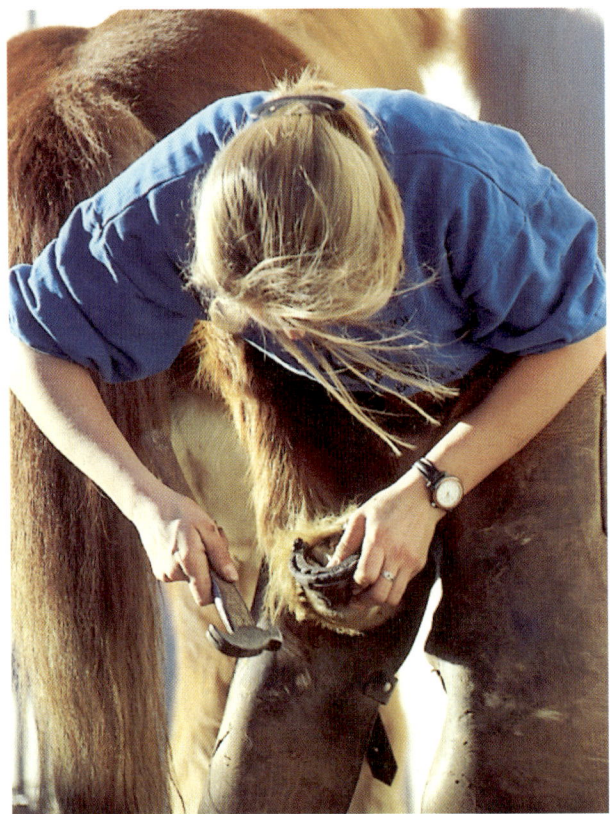

Auch für guten Sitz von Eisen braucht es gesundes Hufhorn!
(Foto: Schmelzer)

Ein unbeschlagenes, Schritt gehendes Pferd hinterläßt bei leidlich trockenem Boden auch auf empfindlichen Wegen praktisch keine Spuren.
(Foto: Schmelzer)

Gängig ist die Meinung, daß gerittene Pferde, besonders solche, die auch im Gelände gehen, unbedingt einen Hufschutz brauchen, und genährt wird sie aus den oben beschriebenen, von vielen gemachten Erfahrungen. Tatsächlich könnten weit mehr Pferde ohne Eisen laufen, als dies heute der Fall ist. Schlüsselfaktoren sind eine darauf abgestimmte Haltung und Nutzung und zunächst viel Geduld. Zwar wird man kaum auf einen Hufschutz verzichten können, wenn beim Reiten oder Fahren keine entsprechende Anpassung stattfinden kann oder wenn Korrektur- oder Entlastungseisen benötigt werden. Doch tut sich für geduldige Freizeitreiter hier eine große Chance auf, zum einen den eigenen Geldbeutel zu schonen und zum andern der Gesundheit ihres Pferdes zu dienen, denn alle erforderlichen Haltungsänderungen sind einer artgerechten Pferdeumwelt generell zuträglich. Wer sein Pferd zum Barhufgänger umstellen möchte, findet Literatur ab S. 92. Die wichtigsten Grundvoraussetzungen sind jedoch überschaubar und können im folgenden dargestellt werden.

Natürliche und unterstützte Anpassung

Das Zauberwort für einen beschlagfreien Huf lautet: Anpassung. Hufe von Pferden, die ausschließlich auf weichen Wiesen stehen, sind längeren Ritten auf hartem Boden nicht gewachsen. Hufe von Pferden, die in der Lüneburger Heide leben und dort täglich und problemlos ohne Eisen geritten werden, werden auf steinigen Bergwegen schnell empfindlich und brechen aus.

Vor der Abnahme der Eisen muß deshalb die Überlegung des Pferdebesitzers stehen, was mit einem Pferd gemacht wird und ob die nötige Anpassung der Hufe über die Haltungsbedingungen gefördert werden kann. Bei einem Freizeitpferd mit durchschnittlichen Hufen und einer leichten Reitbelastung von etwa ein bis zwei Stunden dreimal wöchentlich, dazu die eine oder andere Stunde auf dem huffreundlichen Reitplatz, kann man davon ausgehen, daß eine Umstellung bei ausreichender Geduld des Reiters grundsätzlich möglich ist. Bei Stellungsfehlern, Hufverletzungen oder anderen Problemen kann eine Umstellung allerdings problematisch oder unmöglich sein, hier ist ein Gespräch mit dem Tierarzt oder Hufschmied nötig!

Hygiene

Eine Stalleinstreu, die mit den Ausscheidungen des Pferdes durchsetzt ist, greift das Hufhorn an. Der Huf des schweren Tieres steht auf zusammengedrückter Streu tief am Boden, weit unter der aufgebrachten trockenen Stroh-Deckschicht. Das Hufhorn wird weicher und verändert sich, es ist nicht abriebfest.

Vorbedingung für gesundes Hufhorn muß es deshalb sein, daß die Pferde sich stets auf sauberem Untergrund aufhalten können. Mist und feuchte Einstreu müssen penibel und regelmäßig entfernt werden. Für den Auslauf gilt Entsprechendes: Schlamm

allein schadet Pferdehufen überhaupt nicht. Ist er jedoch mit Ausscheidungen der Pferde verunreinigt, die gerade aus tiefem, nassem Boden meist nicht zufriedenstellend entfernt werden können, greift auch der Schlamm das Hufhorn an und weicht es auf. Um die nötige Hygiene im Auslauf wahren zu können, ist es deshalb erforderlich, stark beanspruchte Stellen etwa an Toren oder um den Offenstall trockenzulegen und zu befestigen. Das Verhalten der Pferde zeigt deutlich, wie angenehm ihnen sauberer Boden ist, denn nur in Ausnahmefällen treten sie in die im Auslauf liegenden Kothaufen.

Widerstandsfähigen, gesunden Barhufen bereiten auch weniger ideale Strecken keine Probleme. (Foto: Schmelzer)

Bodenbeschaffenheit

Entscheidend für den langfristigen Erfolg ist, daß die Gestaltung von Stall und Auslauf dem Huf die notwendige Anpassung erlaubt an die Beanspruchung, die durch das Reiten an ihn gestellt wird. Der Boden, an den der Huf gewöhnt ist, wird ihm auch beim Reiten nicht schaden.

Normalerweise läßt es sich nicht vermeiden, daß auch auf hartem Untergrund geritten werden muß. In keinem Auslauf sollten deshalb harte befestigte Flächen fehlen, günstigstenfalls an Stellen, die von den Pferden häufig aufgesucht werden müssen (Futterplatz, Tränke, Durchgänge). In Gegenden mit vielen weichen Wiesenwegen und nur gelegentlicher Straßennutzung mag dies langfristig schon ausreichen, um Pferdehufen die nötige Härte zu geben. Gibt es viele Sandwege, müssen Hufe unbedingt an den erhöhten Abrieb durch Sand gewöhnt sein - aber Vorsicht: Sand, der auf gepflasterte oder betonierte Plätze getragen wird, kann Hufe derart abschmirgeln, daß an Reiten nicht zu denken ist, und Sand greift die Glasurschicht an. Hier kann es nötig werden, einen Teil der Anpassung über die tägliche Arbeit mit dem Pferd vorzunehmen und Sand im Auslauf zu begrenzen. Bewährt hat sich auch die Verwendung von grobem, rundem Kies; schon Xenophon schlug eine Befestigung der Putzplätze mit solchen Steinen vor. Sie regen das Hufwachstum an und fördern harte, unempfindliche Hufe.

Eine Kombination der geeigneten Untergründe im Auslauf ist zu empfehlen, um die Hufe zu trainieren. Dann braucht es Geduld: Es dauert fast ein Jahr, bis das neue, härtere Horn heruntergewachsen ist, erfahrungsgemäß bis zu drei Jahren, bis die Hufe ihre optimale Härte erreicht haben.

Bewegung

Über ein Jahr kann es denn auch dauern, bis ein Pferd wieder einigermaßen belastbar ist! Bis dahin sollte es reichlich bewegt werden, doch stets mit Rücksicht auf den Zustand der Hufe. Es wird möglicherweise fühlig gehen, die Hufe können allzu kurz abgelaufen sein - die Kunst ist es, den Mittelweg zwischen möglicher Belastung und drohender Überlastung zu finden. Bewegung ist grundsätzlich erforderlich, denn die verbesserte Durchblutung ist entscheidend für das verstärkte Hufwachstum.

Wirklich widerstandsfähige Barhufe sind ohne eine Auslaufhaltung nicht zu erzielen!

Auch nach erfolgreicher Umstellung auf ein beschlagfreies Leben wird immer mehr Überlegung beim Reiten nötig sein als zuvor. Auf der Landkarte wird nach weicheren Wegen gesucht, kilometerlange Schotterpisten ohne grüne Seiten- und Mittelstreifen sind plötzlich nicht mehr täglich überwindbar, Schrittreiten auf steinigen Wegen wird selbstverständlich. Auch der Verzicht auf den Ausritt zugunsten einiger Stunden in der Halle, wenn die Hufe einmal etwas zu kurz geworden sind, kann notwendig sein.

Hufpflege

Unbeschlagene Hufe bedürfen aufmerksamer Pflege, die aber trotzdem insgesamt gesehen weitaus weniger Zeit verschlingt als das mühevolle, lange Hufaufhalten beim Beschlagvorgang alle acht Wochen.

Pflege bedeutet in erster Linie Beobachtung: Werden Hufe allzu spröde und drohen zu reißen, sollten sie etwas feucht gehalten werden; zeigen sich Absplitterungen am Rand, sollten diese weggefeilt werden. Besonders wichtig ist es, immer wieder auf Steinchen zu kontrollieren, die sich nicht wie beim beschlagenen Huf gut sichtbar in den Strahlfurchen, sondern bevorzugt in der weißen Linie festsetzen.

Die natürliche Anpassung der Hufe an die Umgebung sollte aber nicht zu weitgehend gestört werden, denn die Natur hat ihre eigenen Schutzfunktionen: In trockenen Perioden werden die Hufe ebenfalls sehr trocken und damit sehr hart - und können dem trockengebrannten oder auch hartgefrorenen Untergrund widerstehen.

Regnet es viel, saugen die Hufe begierig Feuchtigkeit auf und werden weicher, doch auf nassen, weichen Böden ist auch der Abrieb entsprechend geringer.

Es ist deshalb nicht sinnvoll, Hufe über Gebühr zu wässern und zu weitgehend in natürliche Abläufe einzugreifen.

Eine Hufraspel zum Abfeilen von Splittern, bei erfahrenen Pferdebesitzern zum vorsichtigen, allmählichen Korrigieren von Stellungsfehlern sowie ein Hufmesser zum Entfernen loser Fetzen sollten in jedem Stall vorhanden sein.

Regelmäßige Kronrandmassagen können zum Wachstum beitragen. Hierzu kann in Abständen etwas Lorbeeröl verwendet werden, das in jeder Apotheke erhältlich ist.

Um das Wachstum zu fördern, kann über einen längeren Zeitraum eine zusätzliche Dosis Biotin ins Futter gegeben werden.

Untersuchungen haben erwiesen, daß sich zumindest bei einem Teil der Versuchspferde eine solche Überschußgabe dieses Vitamins positiv auf das Hufwachstum ausgewirkt hat.

Der Schmied sollte etwas häufiger kommen, mindestens alle sechs Wochen, bei problematischen Hufen in noch kürzeren Abständen. Die penible Stellungskorrektur mit der Feile ist das Entscheidende, denn kaum ein Pferd hat vier vollkommen korrekte Hufe. Nicht jeder Schmied weiß angemessen mit Barhufen umzugehen.

Mancher reagiert gereizt, "lohnt" sich doch das Ausschneiden noch nicht. Andere brummeln ständig von "viel zu kurzen Tretern" und empfehlen einen Beschlag.

Tatsächlich sind Barhufe im Vergleich zu beschlagenen Hufen durchweg kürzer, da das nachwachsende Horn gleich wieder dem Abrieb zum Opfer fällt.

Davon sollte man sich nicht irritieren lassen - das Verhalten des Pferdes gibt besseren Aufschluß, und mit der Zeit wird sich ein Gleichgewicht zwischen Abrieb und Wachstum einpendeln, wie es von der Natur auch vorgesehen ist.

Wenn Sie nach geduldigem, fleißigem Abwarten von vielleicht 18 Monaten dann über eine Asphaltstraße reiten und die Hufe Ihres Pferdes fast genauso

laut und hart klappern wie die eines beschlagenen, wenn Ihr Schmied anderntags beim Ausschneiden anerkennend "Bombenhufe!" sagt und Sie ihm 25 anstatt 180 Mark in die Hand drücken können, dann wissen Sie, daß Sie es geschafft haben!

SATTEL, ZAUM UND ZUBEHÖR

Mit dem Pferd, seiner Unterbringung, Futter und Schmied ist es natürlich nicht getan. Allzu vieles braucht man noch an Zubehör, ebenso vieles braucht man nicht und kauft es doch. An dieser Stelle muß sich jeder einzelne ähnlich wie bereits beim Kauf seines Pferdes ganz konkret fragen, was er will, welche Reitweise er bevorzugt und wo er seine finanziellen Grenzen steckt. Denn bereits diese Entscheidungen geben einen Rahmen vor; Sparmöglichkeiten sind insbesondere beim Zubehör für das Pferd innerhalb der gewählten Sportart oder Reitweise dann eher begrenzt.

Reitweisen

Die Wahl der Reitweise und damit verbunden der individuelle Anspruch, was das Reiten für die einzelne Pferdehalterin bedeutet, nimmt Einfluß auf die Größenordnung, in der Folgekosten zur Pferdehaltung zu tragen sind.

Völlig klar ist es, daß derjenige, der ehrgeizig ist und beispielsweise auf Westernturnieren starten will, allen Anforderungen bezüglich der Ausrüstung entsprechen muß. Das nötige finanzielle Polster muß vorhanden sein, sonst kann ein solcher Wunsch nicht Wirklichkeit werden: Sattel, Zaum, Zubehör, aber auch Transporte, beachtliche Startgebühren und Turnierwochenenden wollen finanziert werden. Turniergebühren für konventionelle

Springen oder Dressurprüfungen liegen weit unter denen für Westernturniere, das Angebot an Prüfungen ist größer, die Anfahrtswege sind kürzer.

Grundsätzlich läßt sich leider sagen, daß es in Deutschland finanziell immer noch mit Abstand am günstigsten ist, sein Pferd konventionell zu zäumen, zu satteln und entsprechend auch zu reiten, denn selbst der allerorten erhältliche Unterricht ist im allgemeinen kostengünstiger als etwa ein Westerntraining. Das Angebot an Sätteln aller Preislagen ist am breitesten, und die Preise liegen generell unter denen, die für importierte Reitweisen und deren Zubehör zu zahlen sind. Ein Beispiel: Ein passabler Vielseitigkeitssattel ist

Das Outfit gehört dazu! (Foto: Schmelzer)

ab ca. 900 Mark zu bekommen, für 2500 Mark gibt es bereits einen Vielseitigkeitssattel bester Verarbeitung der Oberklasse. Westernsättel in brauchbarer Qualität etwa sind erst ab 1800 Mark zu haben, zwischen 2000 und 3000 Mark muß man fast immer rechnen, um etwas wirklich Passendes aussuchen zu können, und nach oben gibt es preislich praktisch keine Grenze. Je weniger verbreitet und damit elitärer eine Reitweise bei uns ist, desto höher liegen durchweg auch die Zubehörpreise. Sind Töltsättel inzwischen in breiterem Angebot erhältlich, so muß man beispielsweise für ein Camargue-Kopfstück mit bis zu 300 Mark rechnen, und preiswertes Zubehör in Standard-Qualität findet sich oft nicht.

Vorüberlegungen bei der Auswahl von Reitweise und Zubehör sind ebenso wichtig wie bei der Auswahl der Pferdes!

Natürlich sollte nicht in erster Linie die Finanzierbarkeit über die Wahl der Reitweise entscheiden, sondern der eigene Wunsch zur Nutzung des Pferdes, sonst ist der Grundstein für langandauernde Unzufriedenheit gelegt. Jedoch läßt sich in vielen Fällen ein Mittelweg finden. Für die Aus- und Wanderreiterin, die nicht auf Turnieren antreten, sondern auf lange Ritte gehen will, eignet sich zwar der deutsche Vielseitigkeitssattel nur sehr bedingt; dennoch muß es vielleicht nicht gleich ein Westernsattel sein, sondern sie mag mit einem preislich günstigeren McClellan oder Malibaud gut zurechtkommen.

Pferdeausrüstung

Reitsportgeschäfte, Versandhäuser und Messen bieten eine unglaubliche Auswahl an Reitsportartikeln, und für jede Reitweise gibt es spezielle Anbieter, die passendes Zubehör führen. Preise und Qualitäten variieren von nobel bis besonders billig. Der Überblick ist schwierig, schlechte Qualitäten sind nicht immer leicht zu erkennen, und schon gar nicht im Bestellkatalog.

Am Pferdezubehör kann nicht gespart werden, soll es nicht langfristig auf Kosten des Pferdes gehen: Der Sattel egal welcher Bauart muß passen, die Trense sollte nicht scheuern und jucken, die Satteldecke muß ihre Funktion erfüllen.

Sattelkauf auf Second-Hand-Basis ist einen Versuch wert. Am einfachsten ist es, einen Sattel aus dem Reitsportgeschäft zum Probieren mitzunehmen und ihn zurückzubringen, wenn er nicht paßt. Die Versandhändler bieten keine Second-Hand-Artikel an.

Komplizierter kann es sein, über eine *Anzeige* einen Sattel kaufen zu wollen. Es ist eine Vertrauensfrage für den Verkäufer, einen Sattel ohne Vorabbezahlung oder Nachnahme zu verschicken, für den Käufer, eine Nachnahme zu bezahlen nur auf das Versprechen hin, daß der Sattel bei Nichtpassen zurückgeschickt werden könnte. Und nicht immer stehen potentiell geeignete Sättel gerade in der Nähe zum Verkauf an! Die Portokosten sind nicht unerheblich, vor allem, wenn ein Pferd eine unübliche Figur hat und lange kein passender Sattel gefunden wird. Nicht einfach ist bei Anzeigen die Qualitätsbeurteilung. Gibt bei Sätteln noch der Markenname

Aufschluß, wird dies bei Kopfstücken und Satteldecken schon kritischer. Angesichts der Vielzahl an Billigangeboten, die dann aus zweiter Hand weitergehen, sollte man bei der Erstausstattung seines Pferdes im Zweifelsfalle lieber etwas tiefer in die Tasche greifen und neue Markenartikel erwerben. Durch ihre höhere Haltbarkeit und garantiert gute Verarbeitung kann man davon ausgehen, sie bei guter Pflege entsprechend lange nutzen zu können. Dubiose Second-Hand-Artikel halten oft nicht lange und werden dann frustriert doch durch Markenware ersetzt, was doppelte Ausgaben bedeutet.

Sattelkauf nach Katalog ist grundsätzlich nicht zu empfehlen. Es ist eine umständliche und auch teure Angelegenheit, unpassende Sättel auf dem Postweg zurückzusenden, und dies im allgemeinen mehr als einmal. Besser ist die Beratung und Anprobe durch einen *Fachhändler*, da hier auch die Qualität der Ware eher einzuschätzen ist. Kompetente Sattelhändler und Reitsportfachhändler kommen zur Anprobe an den Stall. Seriöse Verkäufer akzeptieren es auch, wenn sie nichts Passendes anzubieten haben, weil etwa ein Pferd eine ungewöhnliche Rückenform hat, und verkaufen nicht um jeden Preis einen nur mäßig sitzenden Sattel.

Ein *Maßsattel*, der Pferd und Reiter angepaßt wird, kann in Problemfällen die Lösung sein. Er kostet in der Anschaffung einmal viel Geld, nicht selten mehr als das Freizeitpferd, das ihn trägt, doch kann man davon ausgehen, daß damit das langwierige, kostspielige (Porto, Fahrten, Anzeigen) und nervtötende Sattelkaufen ein Ende hat.

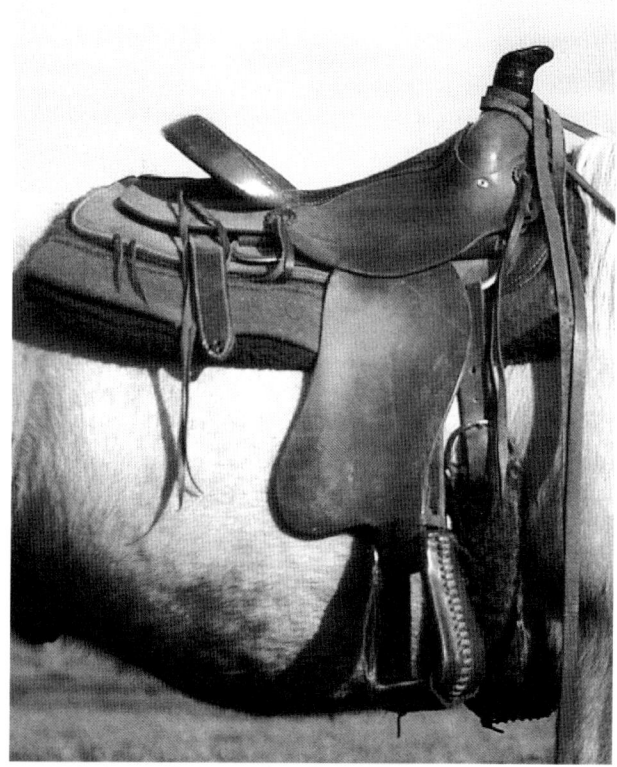

Wer ein ausgewachsenes Pferd hat und weiß, welcher Reitweise er treu bleiben will, tut gut daran, gerade beim Sattel einmal überhaupt nicht an die Finanzen zu denken. Der passende Sattel kann sehr wohl eine Anschaffung für den Rest des Pferdelebens sein, und jede in Qualität und Paßform angelegte Mark rechnet sich langfristig.

Auch ein gebrauchter Sattel muß genau passen! (Foto: Schmelzer)

Weitaus weniger problematisch ist die Anschaffung eines *Kopfstückes*. Zwar sind auch Trensen oder andere Zäume in allen Preislagen und Qualitäten erhältlich, doch entscheidet in erster Linie der Geschmack der Reiterin und die gewünschte Wirkungsweise über den Kauf. Es ist einfacher und weniger

Doppelt gebrochene Trensengebisse werden gewöhnlich gern genommen und sind vielseitig einsetzbar.
(Foto: Schmelzer)

riskant, ein Zaumzeug als Second-Hand-Artikel zu kaufen; wird auf eine passable Lederqualität geachtet, wird dem Pferd kaum Schaden entstehen, auch wenn es sich nicht um einen Markenartikel handelt. Vorsicht ist allerdings geboten bei schwarzem Leder: bei Billigprodukten färbt es aus, was zu allergischen Reaktionen und Juckreiz führen kann.

Gebisse bereiten oft mehr Kopfzerbrechen. Ein Vermögen in Form verschiedener Gebißstücke stapelt sich in so mancher Sattelkammer. Häufig wird fälschlich das Gebiß als Ursache für Probleme, ein anderes Mundstück als deren Lösung gesehen - ein teurer Irrtum. Abhelfen kann ihm zunächst einmal das Ausleihen des einen oder anderen Gebisses von Bekannten und das Urteil eines guten Reitlehrers. Wenn

beispielsweise ein Pferd, das mit einer einfach gebrochenen Wassertrense geritten wird, ständig den Kopf hochnimmt und gegen das Gebiß angeht, kann die Reiterin versuchsweise ein doppelt gebrochenes Trensengebiß ausleihen und damit einige Stunden reiten. Geht das Tier immer noch dagegen an, sollte sie dem Reitlehrer Glauben schenken, das geliehene Gebiß zurückgeben und an ihrem Reiten und der Ausbildung des Pferdes arbeiten. Hört das Tier jedoch plötzlich auf und geht entspannter, lohnt sich der Kauf eines gebrochenen Gebisses vermutlich. Grundsätzlich günstig ist der Einsatz eines Allround-Gebisses für fast alle Zwecke (wie etwa eine gebrochene Trense oder auch ein Kimblewick) mit einem Mundstück, das dem jeweiligen Pferd sympathisch ist. Manche Pferde mögen dicke Wassertrensen, andere bevorzugen dünne Snaffles, wieder andere wehren sich gegen Olivenkopfgebisse oder Kinnketten. Ein Austesten der Vorlieben vor dem Kauf spart sehr viel Geld, denn gute Gebisse sind nicht billig. Es lohnt sich, im Bekanntenkreis herumzufragen oder einen Aushang im Reitstall zu machen. Gelegentlich inserieren in Freizeitreiterzeitungen Firmen, die Gebisse verleihen.

Gutes, strapazierfähiges *Putzzeug* kann ein Pferdeleben lang halten, wenn es gepflegt und bei Bedarf repariert wird. Holzbürsten können mit neuen Handschlaufen versehen werden. Reißt eine Schlaufe von einer Kunststoffkardätsche, läßt sie sich im allgemeinen nicht wieder anbringen. Plastik neigt im Winter zur Sprödigkeit und zum Zerbrechen.

Bunt, bunter, am buntesten?

Das Angebot an Pferdebürsten und -striegeln, Nylonhalftern, Führstricken, Satteldecken, Putzzeugboxen und vielem mehr ist erschlagend. Im Geschäft und von den Versandkatalogseiten springen dem Betrachter wilde Farbtöne und niedliche Möhrchenmotive, Kunststoffbürsten mit Plastikborsten in verkaufsfördernden Regenbogenfarben ins Auge. Viele dieser Artikel sind aus den Ställen nicht mehr wegzudenken. Manches hat sich durch das Material wirklich bewährt, wie etwa Nylonhalfter, die flach anliegen (also auch unter der Trense nicht stören), leicht zu reinigen sind und wenig Pflege benötigen, außerdem im Anschaffungspreis weit unter Lederhalftern liegen. Sehr viele Kunststoffartikel jedoch verschleißen schnell, brechen oder sehen unschön aus und wandern in den Müll. Die Lebenszeit einer Plastikkardätsche reicht an diejenige einer Leder- oder Holzkardätsche nicht annähernd heran, zudem können die Kunststoffborsten echte Tierhaarborsten in der Wirkung nicht ersetzen. Die zunächst billige, hübsche bunte Bürste muß alle zwei Jahre ersetzt werden, und schnell hätte sich eine lederne Roßhaarkardätsche mit ihren besseren Putzeigenschaften gerechnet. Die Buntheit des Angebots verfehlt ihre Wirkung auf den visuell geprägten Konsumenten nicht und verführt vor allem Teenager zu Ausgaben, die überhaupt nicht sinnvoll sind, sondern allenfalls den Kunststoffmüll vermehren. Ästhetische Aspekte werden bei der Bedürfniserzeugung deshalb bewußt verschoben - doch wer einmal etwas Abstand gewinnt, muß sich fragen, was diese unmäßige Buntheit mit einem Hobby zu tun hat, durch das viele Menschen der Natur wieder näherkommen, in dem sie die Reizüberflutung des Alltags hinter sich lassen wollen. Sicherlich können farbige Tupfer nett wirken. Aber wären nicht Gegenstände aus Naturmaterialien der Sache angemessen, der Umwelt dienlicher? Hanfstricke, Holzbürsten, Gummi- statt Plastikstriegel, Woll- statt Dolandecken, Flechtkörbe anstelle bunter Plastikkisten für Kleinteile?

Notwendig oder überflüssig?

Die beste und einfachste (nicht jedoch die am einfachsten durchzuhaltende!) Strategie zur Vermeidung unnötiger Kosten ist die, nichts Überflüssiges zu kaufen. Leider lernt man erst mit der Zeit, welche Dinge benötigt werden und welche sich als überflüssig herausstellen. Einen Einfluß darauf hat nicht nur die Pferdehalterin, sondern vor allem auch das Individuum Pferd. Ob es das teure Gebiß aus einer Speziallegierung ist oder der Neopren-Sattelgurt, der als einziger nicht scheuert, immer wird sich mit der Zeit ein Bestand an Gegenständen bilden, die sich in dieser Pferd-Reiter-Kombination nicht bewährt haben. Selbst jedes Pferdefell ist anders, für jedes Tier mag eine andere Bürste ihre Vorteile haben. Der Pool an Überflüssigem, von der Fliegendecke bis zum Steigbügel, kann über eine Anzeige oder einen Aushang verkauft werden. Allerdings läßt sich niemals vorher absehen, ob durch eine Änderung der Umstände manches, das jahrelang unbenutzt herumlag, plötzlich gebraucht werden könnte.

Je teurer der Gegenstand ist, desto ärgerlicher ist ein Fehlkauf, denn um so höher ist der finanzielle Verlust selbst beim geglückten Weiterverkauf. Angeraten ist es deshalb, nach Möglichkeit immer erst auszuprobieren und dann zu kaufen. Wird beispielsweise von einer Frauen-Stallgemeinschaft eine schwere Motorsense gekauft, deren Handhabung sich bald als zu mühevoll herausstellt, ist der Verlust beträchtlich. Für das Geld hätte möglicherweise bereits ein gebrauchter Balkenmäher gekauft werden können - hätte man nur vorher genauer ausprobiert, was sich für die steile Hangweide am besten eignet.

Auch die Werbestrategien der Anbieter sind ein ernst zu nehmendes Problem und verführen zu ungeplanten und unnötigen Geldausgaben. Hier hilft nur eines: Fakten hinterfragen und Käufe vermeintlich wichtigen Zubehörs möglichst lange hinauszögern, denn häufig kann man sie nach einiger Zeit und bei genauerer Information als völlig überflüssig erkennen.

Vieles, das seinen Zweck aufgrund einer Beschädigung nicht mehr erfüllt, muß nicht gleich komplett weggeworfen werden. Einige Beispiele:

• Die Panik- oder Karabinerhaken von unbrauchbaren Stricken können immer wieder an einem neuen Führstrick befestigt werden. Ein schraubbares Kettennotglied aus dem Baumarkt, ein Pfennigartikel, verhindert dabei dicke Knoten oder Schlaufen. So können Hanf- oder Baumwollstricke ohne Haken billig gekauft und nach Verschleiß einfach immer wieder ersetzt werden.

• Aus zerrissenen Halftern lassen sich häufig noch Halsriemen oder kurze Anbinderiemen machen.

In vielen Fällen lassen sich die speziellen und entsprechend teuren Angebote der Pferdezubehör-Industrie auch umgehen. Nur einige Beispiele von vielen:

• Tau aus dem Bootsbedarf kommt als günstige Meterware und kann manchen Zwecken dienlich sein, sei es als Zugstränge für den Rodelschlitten oder als Doppellonge.

• Gute, schwere, am besten etwas verfilzte Decken aus reiner Wolle sind unschlagbare Abschwitzdecken, die in manchem Haushalt noch zu finden sind. Mit einem selbst angenähten Brustlatz und einem Deckengurt versehen, wird unter ihnen jedes schweißnasse Pferd innerhalb einer Dreiviertelstunde trocken und warm. Eine komplizierte Begurtung ist kaum notwendig, da die Decke nach dieser Zeit ohnehin abgenommen werden muß.

Reitkleidung

Gerade an solchen Dingen, die das Pferd nicht direkt betreffen und sein Wohlbefinden nicht beeinflussen, läßt sich ausgezeichnet sparen, vor allem dann, wenn die persönliche Eitelkeit nicht übermäßig ausgeprägt ist!

Reitkleidung sollte grundsätzlich *in der eigenen Maschine zu waschen* sein. Gerade Kleidungsstücke, die im Stall getragen werden, verschmutzen schnell und häufig. Nicht nur der Gang in die Reinigung ist lästig, sondern auch die immer wieder anfallenden Kosten müssen nicht sein.

Eine bequeme, dehnbare, nahtlose Hose mit Lederbesatz hat auch und gerade in der täglichen Arbeit mit dem Pferd entschieden ihre Vorteile gegenüber einer alten Jeans. So werden normalerweise zwei davon benötigt. (Die Westernreiter haben es leichter: sie kommen wirklich meist mit einfachen Jeans aus.) Es ist günstig, im *Sommer- oder Winterschlußverkauf* auf Schnäppchenjagd durch die Reitsportgeschäfte zu ziehen. Auch die großen Versandanbieter verschicken zu diesen Zeiten Sonderangebotskataloge. Messen können sich besonders mit Blick auf Reitkleidung als wahre Schnäpp-

chenparadiese erweisen, der hohe Eintrittspreis macht sich bezahlt.

Preiswert sind solche Kleidungsstücke, die sehr lange halten, viele Wäschen klaglos vertragen und robust auch der Stallarbeit widerstehen, also von guter Qualität und in der Anschaffung zunächst einmal teurer sind. *Second-Hand-Angebote* sind deshalb in diesem Bereich eine sinnvolle Sache: Getragene, jedoch gute Reithosen halten durchweg länger als schlecht verarbeitete Billigangebote. Viele Reitsportgeschäfte bieten inzwischen Second-Hand-Artikel an. Der Kleinanzeigenteil der Tageszeitung ist eine weitere Fundgrube. Es ist sinnvoll, sich vorab einen Überblick über die Markennamen und Preise der Hersteller zu verschaffen, um Angebote einschätzen zu können.

Es lohnt sich unbedingt, in *Geschäften oder Katalogen mit Berufs- und Arbeitskleidung*, also auch im Landhandel oder in Landwirtschafts- und Industriekatalogen, nach praktischer Bekleidung zu schauen. Hier werden häufig warme, robuste Pullover und Hemden, aber vor allem auch wetterdichte Jacken und Westen zu sehr günstigen Preisen angeboten!

Daß Reiter im Stall häufig *abgelegte Sachen* tragen, ist üblich und bedarf eigentlich nicht der Erwähnung. Leider führt das häufig dazu, daß graue, verbeulte Hosen und braungraue Jacken das Bild prägen. Ein wenig *Wäschefarbe* kann auch den alten, verschlissenen Lieblingsstallsachen noch einmal neues Leben einhauchen: Sehen sie wieder ordentlich aus, können sie noch einmal so lange getragen werden!

Haftpflichtversicherungen

Immer wieder ins Auge fallen Versicherungsangebote in Zeitschriften, hinter denen sich meist Versicherungsmakler verbergen. Die Preise zwischen den einzelnen Versicherungsgesellschaften variieren so sehr, daß ein Vergleich sich in jedem Fall lohnt! Wenn die Pferdehalterin sich klar ist über die von ihr gewünschte Höhe des Deckungsbetrags, kann sie zunächst gezielt Preise vergleichen. Es ist eine gute Hilfe, einen Versicherungsmakler zu Rate zu ziehen, denn dieser hat sofort Daten zur Hand und weiß, welche der von ihm vertretenen Versicherungen derzeit das günstigste Angebot hat. Dabei kann es sich um eine ansonsten ganz anders orientierte Gesellschaft handeln (z.B. eine Industrieversicherung), die zusätzlich Tierhalterhaftpflichtverträge anbietet und die die Pferdehalterin ohne Makler kaum gefunden hätte. Vor Abschluß eines Vertrages empfiehlt es sich, die Bedingungen zu prüfen und sich mit konkreten Fragen schriftlich an die Gesellschaft zu wenden.

Fast immer sind Sondervereinbarungen möglich. Wenn Sie genau wissen, daß Sie niemals Kutsche fahren wollen oder daß Ihr Gnadenbrotpferd garantiert nicht mehr geritten wird, kann ein entsprechender Anruf bei der Versicherung zu einer Ermäßigung der Beiträge führen.

Die Vereinigung der Freizeitreiter in Deutschland (VFD) sowie fast alle anderen größeren Verbände bieten in Zusammenarbeit mit einer Versicherungsgesellschaft ihren Mitgliedern günstige Versicherungen an, auch Pferdelebens- und Unfallversicherungen.

RAUS AUS DEN ROTEN ZAHLEN

Das Konto vieler berufstätiger Pferdebesitzerinnen ist chronisch überzogen, und das Weihnachtsgeld reicht meist gerade aus, um die schlimmsten Wogen zu glätten, jedoch niemals für Weihnachtsgeschenke. Man fragt sich, wo das Geld immer bleibt, hat man doch eigentlich keinerlei größere Anschaffungen getätigt. Nun gut, da war eine Tierarztrechnung, und letzten Monat das Westernturnier, aber dafür müßte das Gehalt doch eigentlich ausreichen?!

In Abhängigkeit von der persönlichen Dickfelligkeit vermag der ewig rote Kontostand viele von uns mehr oder minder auf Dauer zu beunruhigen; immer hat man das Wissen im Nacken, daß man besser keinen Scheck mehr ausstellt und auf keinen Fall mehr eine neue Jacke kauft. Zudem sind solche Sparzwänge oft schlecht für's Zusammenleben: der Freund kann verständlicherweise überhaupt nicht einsehen, warum er entweder ständig die Lebensmittel und das Heizöl bezahlen oder aber von Brot und Käse in einem kühlen Haus leben soll, kurz: warum wir ein Pferd halten müssen, wenn wir es uns offenbar nicht leisten können.

Gute Planung ist nötig

Was nun kostet die Pferdehaltung wirklich, und wohin fließt Ihr Geld auf rätselhaften Wegen? Klarheit in diesen beiden Fragen ist der erste Weg zur Problemlösung. Sie behalten nicht nur Ihr Geld besser unter Kontrolle, sondern können auch ruhigen Gewissens klarstellen, daß Ihre Flicka im Monat weniger kostet als die exzessive Raucherei oder das Fotografierhobby Ihres Partners. Zudem hilft die bessere Kontrollmöglichkeit auch beim Sparen, weil Sie Entscheidungen bewußter treffen können.

Was kostet mein Pferd?

Der erste Schritt ist die Ermittlung reiner Sachkosten: wie hoch der Aufwand für den Unterhalt des Pferdes im Jahr an Futter und notwendiger Versorgung ist, Arbeitsleistungen und Pensionspreis zunächst einmal nicht inbegriffen.

Vieles hängt vom Einzelfall ab, vom Pferdetyp und den regionalen Gegebenheiten, von der letzten Heuernte und dem Stundenlohn des Hufschmieds. Immer jedoch fallen Ausgaben an für Heu, Stroh oder Rauhfutteralternativen, für Kraftfutter und Zusatzfuttermittel sowie die vom Halter direkt getragenen Kosten für Impfungen, Wurmkuren, Schmiedetermine und, bei Haltung im eigenen Stall, für Pacht oder Kreditabzahlung von Stall und Weiden. Alle diese Ausgaben sind vorherseh- und kalkulierbar.

Weniger leicht abzuschätzen sind die Ausgaben für die vielen kleinen und größeren Anschaffungen, die im Laufe eines Jahres getätigt werden, oder auch über Routinebehandlungen hinausgehende Tierarztkosten. Gerade in diesem Bereich ist die Differenz zwischen

vorheriger Einschätzung und den am Jahresende ermittelten tatsächlichen Ausgaben besonders aufschlußreich, denn hier sind in der Folge die größten Einsparungen möglich.

Die folgenden Erfassungsvorschläge (und die Checklisten am Ende des Buches) sind ausreichend detailliert, um den Bedürfnissen auch der Selbstversorger zu genügen.

Pensionseinsteller, die auf keinen Fall ihren Stall verlassen oder ihr Pferd in eine andere Haltungsform umstellen wollen, können das Verfahren dadurch vereinfachen, daß sie die Futterkosten und alle weiteren Leistungen, die vom monatlichen Pensionspreis abgedeckt werden, in der Aufstellung durch den entsprechenden festen Betrag ersetzen.

Eine genaue Vergegenwärtigung der Unterhaltskosten für ein Pferd *ohne* Stallmiete und Arbeitsleistung durch den Pensionsbetrieb kann jedoch auch für Einsteller eine wichtige Entscheidungshilfe sein: Wenn Sie überlegen, ein Arrangement mit Ihrem Pensionsstall zu treffen, sehen Sie anhand einer Aufstellung ganz klar, an welchen Stellen Sie dadurch sparen können und wo es sich nicht lohnt.

Ein Beispiel mag dies verdeutlichen: Sie haben einen leichtfuttrigen Norweger im Reitstall stehen, der praktisch ohne Kraftfutter auskommt, zahlen dafür aber dasselbe wie der Besitzer des Vollbluts mit gleichem Stockmaß in der nächsten Box, da die Preise nur unterscheiden zwischen Pferd und Kleinpferd. In diesem Fall rechnet es sich sicherlich, mit dem Stallbesitzer eine Preisminderung um eine Kraftfutterpauschale zu vereinbaren und zukünftig für das Kraftfutter, wenn es gelegentlich benötigt wird, selbst zu sorgen. Oder Sie kommen zu einem gegenteiligen Ergebnis: Sie haben Ihr Warmblut beim Bauern stehen und überlegen, ob Sie bei einem Pensionspreis von 230 Mark nicht günstiger für Heu, Stroh und Kraftfutter selbst sorgen; anhand einer Bedarfsaufstellung werden Sie schnell sehen, daß Ihr Roß bereits für 170 Mark monatlich Heu, Stroh und Hafer verzehrt und Sie sich keineswegs günstiger stehen, wenn Sie dem Bauern nur eine Boxenmiete von 90 Mark zahlen und die Pferde-Lebensmittel mühsam selbst heranschaffen.

Bei Selbstversorgern ist eine genaue Kostenaufstellung auch als Vorausberechnung bei der Planung für das nächste Jahr hilfreich, etwa mit Blick auf den Heu- und Stroheinkauf und die monatlichen Rücklagen auf die "Pferde-Sparbücher".

Das Jahr planen - die Vorschau

Sie beginnen mit den unmittelbaren Versorgungskosten und ziehen Ihre Pacht, Stallmiete oder Anlagengebühr hinzu, um zu einer realistischen Endsumme zu gelangen.

Dazu ermitteln Sie zunächst die in Ihrer Gegend aktuellen Preise für alle benötigten Futtermittel. Heu- und Strohpreise erfahren Sie aus dem regionalen landwirtschaftlichen Wochenblatt; im allgemeinen müssen Sie als Pferdehalter und privater Kleinabnehmer allerdings dabei die oberen Werte oder noch etwas mehr einkalkulieren. Die Kraftfutter- und Haferpreise schwanken meist nicht ganz so stark. Auskunft gibt Ihnen Ihre lokale Land-

handelsniederlassung oder Ihr Futtermittelhändler. Notieren Sie die Preise in einer kleinen Liste, so daß Sie sie bei Ihren Berechnungen schnell zur Hand haben.

Rechenbeispiel:

Heu:
Doppelzentner 35 Mark,
Bund 10 kg 3,50 Mark
Stroh:
kleines Bund 1 Mark
Kraftfutter 1, Futtermittelhändler:
30 kg 25 Mark
Kraftfutter 2, Raiffeisen:
50 kg 28 Mark
Hafer, mittel:
50 kg 20 Mark
Melasseschnitzel, zuckerarm:
50 kg 25 Mark
Mineralfutter 1, Futtermittelhändler:
8 kg 35 Mark
Mineralfutter 2, Raiffeisen:
25 kg 48 Mark
Möhren:
20 kg 10 Mark
Leinsamen:
25 kg 49 Mark
Wasser mit Abwassergebühr:
1000 l 14 Mark

Um ein möglichst genaues Ergebnis zu erzielen, gehen Sie vom Tagesbedarf aus. Sie wissen, was Ihr Pferd im Winter und im Sommer frißt, wieviel Stroh oder Späne Sie zum Einstreuen brauchen und wie häufig Sie das Wasser nachfüllen müssen. Ebenso wissen Sie, wann bei Ihnen die Weideperiode beginnt und endet und wie Sie während der Weidemonate zufüttern müssen.

Nun errechnen Sie die Anzahl der Tage mit Weidefütterung und die der Winterfütterung und multiplizieren Sie sie jeweils mit dem Tagesbedarf. Wichtig ist, daß dabei aufgerundet und auf Verpackungseinheiten Rücksicht genommen wird. Wenn Sie etwa in der Winterperiode von angenommenen 225 Tagen 75 kg Melasse-Trockenschnitzel verfüttern, müssen Sie natürlich den Kauf von zwei Säcken à 50 kg einplanen!

Warmblutstute, Bedarf Winter (225 Tage)

	kg/Tag	kg/Winter	Einkauf	DM/Winter
Hafer	2	450	9 Sack 50 kg	252.-
Kraftfutter	2	450	9 Sack 50 kg	180.-
Mineralfutter	0,1	22,5	3 Eimer 8 kg	105.-
Heu	7	1575	rd. 160 Bund	560.-
Stroh/Streu	7	1575	rd. 200 Bund	240.-
Möhren	1,5	338	17 Sack 20 kg	170.-
Melasse	0,3	68	2 Sack 50 kg	50.-
Wasser	40 l	9 ccm	9 ccm	126.-
Winterperiode Gesamtfutterkosten				**1683.-**

Warmblutstute, Bedarf Sommerweidezeit (140 Tage)

	kg/Tag	kg/Sommer	Einkauf	DM/Sommer
Hafer	1	140	3 Sack 50 kg	60.-
Kraftfutter	1	140	3 Sack 50 kg	84.-
Mineralfutter	0,1	14	2 Eimer 8 kg	70.-
Heu	2	280	28 Bund	98.-
Stroh/Streu	2	280	35 Bund	35.-
Wasser	50 l	7 ccm	7 ccm	98.-
Weidegang/Pacht				400.-
Weidepflege				500.-
Sommerperiode Gesamtfutterkosten				**1345.-**

Anmerkung: Diesem Beispiel liegen Futtermittelkosten im ländlich strukturierten Raum bei günstigstem Einkauf direkt ab Erzeuger zugrunde. Im stadtnahen Raum kann durchaus von doppelt so hohen Preisen ausgegangen werden.

Natürlich sind hier laufende Kosten für Reitanlagen, Gebäude und Ländereien nicht enthalten. Wenn Sie Ihr Pferd in einem Pensionsbetrieb stehen haben, decken Sie mit Ihrer Monatsmiete zusätzlich die Bereitstellung von Flächen und Anlage ab, die über eine Kreditaufnahme des Betreibers erworben wurden oder ihn monatlich Pacht kosten, von Aufwendungen zur Instandhaltung gar nicht zu reden. Es ist also keinesfalls so, daß die Differenz zwischen Futterkosten und Monatsmiete den Gewinn des Betreibers darstellt! Schlußfolgerung kann allenfalls sein, daß Sie sich nach einem anderen Stall mit weniger baulichen Angeboten umsehen und dort einen niedrigeren Preis bezahlen, oder daß Sie in eine Haltergemeinschaft einsteigen.

Zu den ermittelten Futterkosten kommen alle anderen regelmäßig anfallenden Ausgaben: Schmied, Wurmkuren, Impfungen, Haftpflichtversicherung, Mistabfuhr, Hallengebühr und alles weitere, was in Ihrem speziellen Fall relevant ist.

Die Aufstellung einer solchen Kalkulation hört sich komplizierter an als sie ist, zumal es ja nur um eine möglichst realistische Einschätzung von Kosten geht und keinesfalls um eine Berechnung, die den Ansprüchen einer Bank oder eines Wirtschaftsunternehmens genügen muß. Wichtig ist vor allem, daß Sie keinen Kostenfaktor vergessen.

Beispiel
(Haltung in Eigenregie, ländlicher Raum)

	DM
Futterkosten Sommer	1345,-
Futterkosten Winter	1683,-
Schmied, 6 Beschläge	1000,-
Wurmkuren, Impfungen	250,-
Hallenbenutzung	600,-
Mistabfuhr	300,-
Versicherung	210,-
Reitunterricht	600,-
nötiges Zubehör	300,-
Ausgaben/Jahr voraussichtlich	6060,-
Monatsdurchschnitt	**505,-**

Immer das nötige Geld haben

Es ist nicht nur eine überflüssige Maßnahme, aus der Gesamtsumme der Ausgaben für ein Jahr einen Monatsdurchschnitt zu ermitteln, sondern wirklich ganz praktisch: Sie können so einen monatlichen Betrag auf ein Sparbuch abführen, das immer dann angezapft wird, wenn die Heu- oder Spänelieferung kommt, wenn Sie Futter holen, die tierärztlichen Impfungen und Wurmkuren bezahlen oder die Versicherungsgebühr überweisen müssen. Aus einem unkalkulierbaren,

unregelmäßigen Kostenfaktor, besonders spürbar bei Haltung in Eigenregie, wird so eine regelmäßige monatliche Ausgabe, und zudem werden Sie die beruhigende Gewißheit haben, dem Heubauern sein Geld auch sofort in die Hand drücken zu können.

Vergessen Sie dennoch darüber nicht, monatlich einen kleineren Betrag auf einem anderen Sparbuch oder notfalls in einem Socken unter der Matratze unterzubringen, um für etwaige tierärztliche Notfälle gerüstet zu sein! Dieses Sparbuch sollte absolut tabu und ausschließlich für diesen Zweck geführt sein.

Den Pferden sind die kleinen menschlichen Rechenprobleme zum Glück fremd. (Foto: Koller)

Ohne rosarote Brille: der Jahreslauf im Rückblick

Neben Ausgaben, die sich einigermaßen realistisch vorab kalkulieren lassen, kommen variierende Anschaffungskosten für Sattelzeug und Stallgerätschaften, Tierarztrechnungen, Transporte und Turnieraufwendungen, Deckgebühren und anderes auf Sie zu, je nachdem, was Sie gern mit Ihrem Tier machen möchten. Außerdem können Preise sich ändern, Futtermittel vom Markt genommen werden, oder man erliegt der Kaufwut, weil die Westernzügel auf der Messe einfach so gut in der Hand lagen.

Wirklich interessant wird es deshalb, wenn Sie penibel Buch führen (keine Angst, das ist viel weniger umständlich als Sie denken!) über Ihre Ausgaben, und das tatsächliche Ergebnis am Ende des Jahres mit der Vorschau vergleichen. Vermutlich werden Sie feststellen, daß Sie viel mehr ausgegeben haben als geplant, und hier gilt es nun, nach den Gründen zu forschen.

> *Ein "Pferdehaushaltsbuch", das am Jahresende sinnvoll ausgewertet wird, kann sehr effektiv helfen, Geld zu sparen.*

Listen Sie einfach auf einem Din-A-4-Blatt alle für Sie relevanten Posten auf, für die Sie im Laufe eines Jahres regelmäßig Geld ausgeben, unterteilen Sie quer dazu das Blatt nach den einzelnen Monaten, und schreiben Sie nach jedem Einkauf den Betrag in die entsprechende Rubrik. Die Rubriken sollten der Einfachheit halber mit denen der Vorschau übereinstimmen, damit Sie sie am Jahresende auf einen Blick vergleichen können.

Besonders einfach ist es, einen querformatigen Jahreskalender zu diesem Zweck umzufunktionieren, indem Sie vor den Januar von oben nach unten die Verwendungszwecke an Stelle der Tagesdaten setzen. Vielleicht findet sich auch hinten in Ihrem Tagebuchkalender ein geeignetes Feld, oder Sie beschaffen sich ein ganz traditionelles Haushaltsbuch. Wichtig ist eine weitere senkrechte Spalte hinter dem letzten Monat, so daß Sie dort die übers ganze Jahr ausgegebenen Beträge für die einzelnen Posten (z.B. Kraftfutter von Januar bis Dezember: DM 500,-) ohne Umstände zusammenrechnen können.

Unter den einzelnen Monaten können Sie am Monatsende jeweils die im einzelnen Monat angefallenen Gesamtkosten aufaddieren.

Wie jeder seine Ausgaben festhält, ist letztlich nicht wichtig. Sie können in Ihrem Kalender Vermerke machen, die Sie am Monatsende zusammenrechnen und in den Jahresrückblick schreiben, oder Sie können Quittungen und Überweisungsbelege sammeln. Wichtig ist nur, daß nichts vergessen wird.

Der Vergleich gibt Aufschluß

Sie können nun am Ende des Jahres die Ergebnisse des Jahresrückblicks konkret mit Ihrer Vorschau vergleichen und feststellen, wo Sie deutlich mehr ausgegeben haben als geplant.

Dabei wird es Ausgaben geben, die Sie einfach akzeptieren müssen, wie unerwartete Tierarztrechnungen, aber auch andere, die Sie vielleicht mindern können. Wenn Sie etwa sehen, daß das Teuerste an Ihrer gesamten Pferdehaltung die Mistabfuhr ist, sollten Sie dringend über bessere Lösungen nachdenken, und wenn Sie am Ende des Jahres sieben Sattelpads und ein überzogenes Konto haben, kann Ihnen der Ärger darüber zusammen mit den aufgeschriebenen, nicht abstreitbaren Zahlen unter der Rubrik "Sattelzeug" vielleicht spürbar weiterhelfen.

Ihnen werden spätestens jetzt, wenn nicht schon bei der Vorschau, auch Mißverhältnisse deutlich: die erwähnte Mistabfuhr, oder die Tatsache, daß Sie für Sägespäneeinstreu, wie Ihr Hustenpferd sie braucht, mehr ausgeben müssen als für das gesamte Futter.

Erst jetzt, mit Zahlen vor Augen, können Sie aber beurteilen, ob die Anschaffung von Stallgummimatten oder der Bau einer kleinen Wurmkompostanlage sich lohnen. Sie können feststellen, ob die teure zusätzliche Pachtweide sich rechnet oder ob es ebenso sinnvoll ist, die Pferde auf Ihrer eigenen kleinen Weide mit Heu zuzufüttern (fragen Sie hier aber auch Ihr Pferd nach seiner Meinung!). Im Einzelfall sind konkrete, situationsangepaßte Ideen gefragt.

Jahresplan

Zweck/Januar, Februar.../
Jahressumme
Kraftfutter/Futterzusätze
Frischfutter
Heu /Stroh
Späne
Mistabfuhr
Hallengebühr
Weidepacht/Kredite
Reparaturen
Weidepflege
Tierarzt
Schmied
Versicherung
Reitunterricht
Sattelzeug

<u>**Summe**</u>

WIE WER WAS FINDET

Anzeigen und Aushänge

Als Pferdebesitzerin wird man sehr häufig aus unterschiedlichen Gründen Kontakte suchen: sei es, daß Second-Hand-Artikel gesucht oder verkauft werden, ein Offenstallplatz frei oder ein Pferd nicht ausgelastet ist.

Um eine Anzeige oder einen Aushang effektiv und möglichst günstig plazieren zu können, ist vorab die Überlegung notwendig, wer angesprochen werden soll und welche Ausgabe sich für den angebotenen Artikel lohnt.

Um überzähligen Krimskrams wie Halfter und Stricke zu verkaufen, wird man nicht Geld in eine teure Anzeige stecken oder einen normalen Vielseitigkeitssattel in einer überregionalen Zeitschrift inserieren. Einen seltenen argentinischen Sattel dagegen offeriert (oder sucht) man dagegen sinnvollerweise gleich überregional; der höhere Wert des Gegenstands rechtfertigt einen höheren Anzeigenpreis.

Für Gegenstände geringeren Werts, deren Versand sich nicht lohnt, eignen sich vor allem lokale kostenfreie Anzeigenblätter, die in der Bahnhofsbuchhandlung und in Schreibwarenläden zu bekommen sind. Aushänge in Reitställen und Futtermittelhandlungen sind ebenfalls sehr zu empfehlen, wobei ein kleiner Abrißstreifen mit der Telefonnummer nicht zu vergessen ist.

Handelt es sich um lokal gebundene, aber teurere Objekte oder solche, deren Versand umständlich ist (Stalleinrichtungen, Sättel, Pensionsplätze), empfiehlt sich die Samstagsausgabe der Tageszeitung oder das Anzeigen-Sonntagsblatt, das es inzwischen fast überall gibt.

Inserate in Pferdefachzeitschriften eignen sich in erster Linie für überregionale Kontakte, wobei hier aber deutlich unterschieden werden muß: Manche Zeitschriften haben einen großen Anzeigenteil bei extrem niedrigen Preisen, was dazu führt, daß hier auch viele lokale Angebote und Gesuche (z.B. Reitbeteiligungen) zu finden sind. Es existiert derzeit ein kostenloses Pferdesport-Anzeigenmagazin, das entsprechend gern auch von Händlern genutzt wird.

Ein Aushang an der richtigen Stelle kann effektiver sein als eine teure Anzeige in einer großen Pferdezeitschrift!

Die meisten Fachzeitschriften sprechen eine bestimmte Zielgruppe an. Ob Ihr Angebot oder Gesuch eher in der Turniersportecke oder bei Freizeitreitern Erfolg hat, ist deshalb vorab eine Überlegung wert, neben einem Preisvergleich. Keine Zeitschrift kann es jedoch verhindern, daß sich unseriöse Angebote oder Gesuche (Handel mit Beistellpferden etc.) einschleichen, da dies nicht erkennbar ist.

Eine sehr gute Möglichkeit sind Vereinszeitschriften, wie sie von den Zucht- und Reitverbänden herausgegeben werden. Häufig sind Anzeigen hier nicht nur kostenlos bundesweit zu veröffentlichen, sondern treffen exakt auf die gesuchte Zielgruppe.

Eine Alternative vor allem im ländlichen Raum bei mäßigen Anzeigenpreisen sind die "Grünen", die landwirtschaftlichen Wochenblätter der Region, die vor allem von Landwirten gelesen werden.

Hersteller

Die "Gelben Seiten" können eine erste Hilfe sein, doch auf der Suche nach speziellen Artikeln wird man andere Ratgeber benötigen. Viele Informationen bieten bereits die Anzeigenteile von Fachzeitschriften, und "Gelbe Seiten" für den Pferdesport sind inzwischen zu einem stattlichen Preis ebenfalls im Handel. Eine unschlagbare Hilfe jedoch sind Messekataloge mit einem Herstellerverzeichnis. Mit ihrer Hilfe kann man sich einen bundesweiten Überblick verschaffen über Vertreiber und Hersteller der gewünschten Artikel und dort gezielt weitere Informationen anfordern. Die oft nicht geringe Ausgabe für einen Messekatalog kann sich auf diese Weise lohnen.

Literatur

Bartz, Jürgen:
Hilfe, mein Pferd hustet!
Franckh-Kosmos.
ISBN 3-440-07213-4

Bender, Ingolf:
Handbuch Offenstallhaltung.
Planung, Stallbau, Weidenutzung.
Franckh-Kosmos.
ISBN 3-440-06311-9

Grone, Jutta von:
Die Pferdeweide.
Müller Rüschlikon.
ISBN 3-275-00658-4

Junge, Maleen:
Pferde hinterm Haus.
Franckh-Kosmos.
ISBN 3-440-06551-0

Lange, Christine:
Horsemanship.
Partnerschaft mit Pferden.
Müller Rüschlikon.
ISBN 3-27501196-0

Over, Uta:
Mein Pferd wird alt.
Müller Rüschlikon.
ISBN 3-27501194-4

Pirkelmann, Heinrich (Hrsg.):
Pferdehaltung. Verhalten, Arbeitswirt-
schaft, Ställe, Fütterung, Krankheiten.
Ulmer.
ISBN 3-8001-4357-7

Rödder, Fritz:
Gesunder Huf - gesundes Pferd.
Müller Rüschlikon.
ISBN 3-275-00754-8

Strasser, Hiltrud:
Ein Pferdeleben lang gesund.
Danker.
ISBN 3-927456-00-4

Ullstein, Hans jr.:
Natürliche Pferdehaltung.
Müller Rüschlikon.
ISBN 3-275-01209-6

Anhang
Checklisten

Systematische Planung ist grundlegend. Als kleine Hilfestellung finden Sie im folgenden Vorschläge für alle genannten Listen und Aufstellungen, die als Anregung oder auch Kopiervorlage dienen können.

Preise für Futtermittel

	Sorte/Bezugsquelle	Preis pro Verpackungseinheit	Preis pro kg
Heu			
Stroh			
Kraftfutter			
Hafer			
Salzleckstein			
Mineralstein			
Mineralfutter			
Melasse			
Möhren			
Leinsamen			
Einzelzusatz			

Bedarfsermittlung Futter: Winter   Stallperiode:..............Tage

	Bedarf kg/Tag	x Tage=kg Winter	Einkauf in VP-Einh.	Kosten DM/Winter
Kraftfutter				
Mineralfutter				
Heu				
Stroh				
Einstreu				
Frischfutter				
Zusatzfutter				
Wasser				
Winterperiode Gesamtfutterkosten				

Bedarfsermittlung Futter: Sommer

	Bedarf kg/Tag	x Tage=kg Sommer	Einkauf in VP-Einh.	Kosten DM/Sommer
Kraftfutter				
Mineralfutter				
Heu				
Stroh				
Einstreu				
Lecksteine				
Zusatzfutter				
Dünger				
Nachsaat				
Weideschnitt				
Wasser				
Winterperiode Gesamtfutterkosten				

Vorschau: Unterhaltskosten Pferd/Jahr

Futterkosten Sommer_____

Futterkosten Winter_____

Schmied_____

Wurmkuren_____

Impfungen_____

Hallenbenutzung_____

Mistabfuhr_____

Versicherung_____

Reitunterricht, Kurse_____

nötiges Zubehör_____

Turniere etc._____

Ausgaben/Jahr voraussichtlich_____

/12 = Monatsdurchschnitt_____

Tagesplan

Anzahl Pferde:

Haltungsform:

Tageszeit	Anfallende Arbeiten

Checkliste Pensionsbetriebe

Betrieb:	Sommer	Winter
Grundpreis:		
Angebote:		
Paddockboxen		
täglicher Auslauf		
Offenstall		
Reitplatz		
Reithalle		
Verienbarung sind möglich:		
Eigenleistung bei Versorgung		
Arbeitsleistung		
Einsatz des Pferdes		
individuelle Futterkostenregelung		
Begrenzte Anlagennutzung		
günstiges Sommerweideangebot		
ermäßigter Preis		

Organisationsplan für Alleinversorger - anfallende Arbeiten

a) für die Pferde unmittelbar wichtig:	a) nur mittelbar wichtig:
morgens, mittags, abends füttern	Futter holen
	Rauhfutter abwerfen
Wasser kontrollieren/ nachfüllen	fegen
	Knabberäste holen
Satll misten	Karre zum Mist bringen
Auslauf absammeln	...
...	...
...	...

Organisationsplan für Alleinversorger - anfallende Arbeiten

Tageszeit	Arbeiten in günstiger Reihenfolge
5.30 h	anbinden,
...	Kraftfutter füttern,
...	Heu vorlegen u.s.w.
...	...

Checkliste Tagesablauf und Arbeitseinteilung

Arbeitsende:	Uhrzeit	Dauer
zu Hause:		
am Stall:		
Pferd geputzt:		
Arbeit mit dem Pferd:		
Stallarbeiten:		
1.		
2.		
3.		
4.		

Jahresplan

Zweck:	Januar	Februar	März	April	Mai	Juni	Juli	August	September	Oktober	Novemnber	Dezember
Kraftfutter												
Futterzusätze												
Frischfutter												
Heu												
Stroh												
Späne												
Mistabfuhr												
Hallengebühr												
Weidepacht/Kredite												
Reparaturen												
Weidepflege												
Tierarzt												
Schmied												
Versicherung												
Reitunterricht												
Sattelzeug												
Monatssumme												

Jahressumme _____